卓越企业
商业模式与战略创新

蔡晓清 ◎ 著

中国商业出版社

图书在版编目（CIP）数据

卓越企业商业模式与战略创新 / 蔡晓清著. -- 北京：中国商业出版社，2025.7. -- ISBN 978-7-5208-3432-2

Ⅰ. F272

中国国家版本馆 CIP 数据核字第 2025UQ2097 号

责任编辑：石广华

中国商业出版社出版发行

（www.zgsycb.com 100053 北京广安门内报国寺 1 号）
总编室：010-63180647　编辑室：010-83118925
发行部：010-83120835/8286
新华书店经销
香河县宏润印刷有限公司印刷

*

710 毫米 × 1000 毫米　16 开　14.5 印张　180 千字
2025 年 7 月第 1 版　2025 年 7 月第 1 次印刷
定价：68.00 元

****

（如有印装质量问题可更换）

前言

商业模式是一个相互依存、相互关联的交互系统,旨在捕捉和服务市场需求,同时为所有利益相关者创造价值。商业模式是一个整体的概念。要立足当下谋求发展,企业不能只靠与对手竞争,还要开创属于自己的、独特的商业模式和战略创新。

商业模式与战略创新在现代企业竞争中扮演着至关重要的角色,它们不仅是企业持续发展和保有竞争优势的关键驱动因素,还是应对市场变化、满足消费者需求、提升核心竞争力的有效途径。

商业模式与战略创新在现代企业竞争中往往相互交织、相互促进。一方面,商业模式的创新为战略创新提供了坚实的基础和支撑;另一方面,战略创新又能够推动商业模式的持续优化和升级。两者的有机结合能够显著提升企业的市场竞争力,确保企业在激烈的市场竞争中立于不败之地。

商业模式和战略创新对于我们理解商业世界的长期变化有着特别的意义。一方面,那些在历史上不断涌现的商业模式创新者已经证明了商业模式创新在创造商业价值和改变商业世界的竞争形态上具有强大的力量;另一方面,虽然商业模式和战略创新拥有巨大的价值和力量,但人们对商业模式的看法依然不成系统,对商业模式的看法模棱两可。随着互联网时代的发展,商业模式和互联网似乎又重新组合出新的机会,但商业模式创新本质不是一个新现象、新命题。从古到今，产业的发展和竞争格局的迭代，都是商业模式不断创新的结果。

所以，商业模式是不断发展的，用一句话形容商业模式创新，就是"没有最好，只有更好"，能够适应当下环境并为企业带来持久盈利和基业长青的商业模式和战略即为好模式。当然，在拆解商业模式的时候，我们不可避免地要从各个方面来梳理商业模式所涉及的参与者和互动关系，以及跨越企业边界来分析整个价值链条和商业生态系统。

本书正是希望从商业模式复杂的要素上，梳理一套简洁有效的框架，力图让各个章节形成清晰的逻辑脉络，以此来帮助读者对"商业模式"这个较为复杂的概念有一个清晰客观的认知。

本书不仅介绍了商业模式设计的思路，还系统阐述了战略全景透视、商业模式面临的环境和差异化定位创新、渠道布局、数字化转型等与商业模式紧密相连的一整套概念体系。希望这些商业经营中最关键的核心智慧能够帮助企业的管理者少走弯路，更全面深入地理解、辨识和解构商业模式，让企业尽快步入发展的黄金区域。当然，本书所展示的成功商业模式和案例只是冰山一角。成功有法，但无定法，贵在得法。希望本书能够抛砖引玉，帮助企业管理者探索出更多适合自身企业发展创新的商业模式。

目 录

第1章　商业模式定义及重要性

什么是商业模式及其核心要素 / 2

商业模式的本质和逻辑 / 5

商业模式的历史演变与未来趋势 / 8

商业模式迭代过程的经典类型 / 12

卓越企业商业模式特征 / 14

商业模式的重要性及其意义 / 16

商业模式创新动力 / 19

创新阻力与影响 / 23

第2章　不同企业商业模式创新

传统企业模式障碍及解决方法 / 28

新型企业模式创新和前景展望 / 31

规模型国有企业战略管理 / 33

数字时代商业模式创新战略 / 36

AI 赋能商业模式的升级变革 / 39

第3章　战略管理全景透视

战略的意义和基本属性 / 44

互联网时代企业面临的外部挑战 / 47

企业永恒不变的内核竞争力 / 49

商业趋势的转变和发展 / 52

商业模式与战略的关系 / 57

第4章　战略创新的理论框架

战略管理的核心概念与理论背景 / 62

国家战略下的新兴产业 / 66

规模型企业战略管理主要内容 / 69

企业战略管理工具的运用 / 72

蓝海战略与红海战略的对比 / 77

动态能力观与持续竞争优势的构建 / 80

第5章　商业模式和战略创新路径

品牌创新：从低端向高端转型 / 84

经营创新：从产品向服务转型 / 87

产品创新：从大众化向利基转型 / 90

价值主张创新：从产品导向到解决方案导向 / 93

渠道与交付模式创新：数字化、平台化与共享经济 / 96

收入模式多样化：订阅制、基于成果、增值服务 / 100

资源与能力重构：轻资产、外包与合作网络 / 104

交易过程创新：去中间化、工厂化 / 106

第6章　战略环境洞察与差异化定位

市场趋势分析的维度与方法 / 112

用户需求洞察：定性与定量研究方法 / 116

竞争对手分析：识别优势、劣势与潜在威胁 / 119

机会窗口的识别与利用策略 / 124

市场细分与目标市场选择 / 126

差异化战略：成本领先、差异化、聚焦 / 129

品牌定位与故事讲述 / 131

创新驱动的市场进入策略 / 134

消费品战略三大终极课题 / 137

第7章　数字化转型与技术创新

数字化转型的必然趋势与影响 / 142

技术创新在商业模式与战略中的应用 / 146

人工智能、大数据、区块链等新兴技术落地 / 148

数字化转型的实施路径与风险管理 / 152

从 O2O 到元宇宙 / 155

第8章　组织文化与创新能力

企业文化对创新能力的影响 / 160

组织价值观对商业模式和战略的影响 / 163

创新文化的塑造：鼓励试错、快速迭代 / 165

组织结构的灵活性：扁平化、网络化、敏捷化 / 168

人才管理：吸引、培养与激励创新型人才 / 171

创新生态系统的构建：跨界合作、开放创新 / 175

第9章 战略执行与持续迭代

战略落地的关键步骤与工具 / 180

绩效管理与激励机制设计 / 184

战略评估调整：KPIs、OKRs 与持续改进 / 188

互利共生与"竞合"战略 / 194

企业战略依赖生态优势和风口 / 197

战略成功使企业拥有自我复制力 / 200

第10章 未来商业模式展望与战略布局

"以人为本"与社会责任赋能商业价值 / 206

全球化背景下的 AI+ 数字化 / 209

5G 重塑商业未来 / 211

AI 时代下商业模式和战略布局 / 214

展望：构建面向未来的卓越企业 / 218

结 语 / 222

第1章
商业模式定义及重要性

什么是商业模式及其核心要素

商业模式是指由一个企业或组织在经营活动中所采用的策略、结构、流程、盈利方式以及与其他利益相关者的关系等方面所构成的整体框架。简而言之，商业模式描述了一个企业如何创造价值、传递价值并获取利润的方式，它描述了企业如何与客户、合作伙伴互动实现盈利。商业模式由多个要素组成，其核心要素一般有战略规划、独特价值和目标客户、盈利模式，以及围绕这三点进行的相关匹配环节。

（1）战略规划。一般包括市场定位、业务定位和价值定位。

市场定位用于确定企业服务的目标客户群体，以及这些客户群体的特征和需求。这有助于企业更好地了解市场，制定有针对性的产品和服务策略。一般细分下来包括客户的特征、需求、消费习惯等。例如，卓越的苹果公司把目标客户定位为"追求高品质、具有一定消费能力且注重设计感和用户体验的消费者"。

业务定位明确企业向目标市场提供哪些产品和服务，即企业的业务范围。企业需要思考如何向目标客户群体提供差异化的产品和服务，从而为客户创造独一无二的价值。例如，小米公司与众多智能硬件制造商合作构建其生态系统。

价值定位即企业价值创新的思维精髓和价值创造的目标规划。企业需要有自己明确的价值主张，即企业所提供的产品或服务的独特价值，以及为什么顾客会选择你的产品或服务而不是竞争对手的。例如，京东的价值主张是提供正品、高效的物流配送和优质的售后服务。

（2）独特价值和目标客户。这里企业要体现的独特价值一般是指为客户提供的价值。企业的利润来自客户，所以企业要为客户创造独特的价值。优秀的商业模式一定是能够创造独特客户价值的模式。实现客户价值包括三个核心基点：

满足客户需求，企业在满足客户需求上的基本定位。企业需要深入了解目标客户群体的需求，并思考如何更好地满足这些需求。明确企业服务的对象，如母婴产品企业主要针对孕妇和有婴幼儿的家庭，需要了解目标客户的需求、行为习惯等，才能精准营销。

企业明确的价值主张，商业模式内涵与客户价值的创造最终都需要服务于企业的"价值主张"，对外企业需要简明概括与清晰表达。清晰而简明的价值主张不仅能够使企业上下准确理解模式创新的实质与内涵，而且能够将企业的价值创新理念直接传递给客户和社会。用来与客户接触并传递价值主张的途径，像电商企业主要通过线上平台接触客户，而传统零售企业主要靠实体店面来接触消费者。

让客户满意的性价比，企业通过产品与服务向客户所提供的"价值/成本"比值。企业需要思考如何提供比竞争对手更优的性价比，从而吸引更多的客户。

（3）盈利模式。有了战略方向和客户的价值定位，接下来就是盈利模式。盈利模式是指商业模式中企业的自身价值获取机制与基本盈利途径和手段。

盈利模式包括三个核心基点：

价值获取，企业在商业模式实施中的价值创造活动与盈利获取环节。企业需要思考在模式实施中从事哪些为客户创造价值的活动，并从哪些活动和环节获取利润。企业获取收入的方式，常见的有产品销售、服务收费、订阅收费、广告收入等。例如，软件公司可以通过出售软件产品获取收入，也可以通过软件的订阅服务来收费。

战略定价与目标成本是盈利模式设计的两个关键变量。企业的产品与服务不是根据"成本"来定价，而是根据"性价比"来定价，即从客户价值创造的角度和阻止竞争对手模仿的角度出发，来进行产品和服务的定价。

目标成本规划，在既定的战略定价水平下制定并实现相应的成本规划。科学的战略定价和合理的目标成本规划是商业模式具备可行性和成功实现的关键因素。经营业务所需的成本组合，包括固定成本（如租金）和可变成本（如原材料成本），企业需要合理控制成本结构来确保盈利能力。

（4）竞争优势。优秀的商业模式应当而且必然能够强化企业在竞争中的战略优势，战略控制即是指商业模式设计中强化企业战略优势和防止模式被模仿的关键举措。

战略控制包括三个核心基点：

客户忠诚，企业在商业模式实施中持续强化和提升客户忠诚度的关键性战略措施。优秀的商业模式一定是长期专注于特定的目标市场，不断推出各种战略举措来强化与客户的品牌联系。

战略地位，企业在商业模式实施中加强和改善自身价值链地位的关键性战略措施。成功的模式一定是实施后能够有效改善企业的显性资产和隐性资产状况，能够有效强化企业在价值链中的地位和作用。例如，对于制造企业来说，关键业务是产品的研发和生产；对于物流公司来说，运输和仓储管理是关键业务。

模仿障碍，防止商业模式被模仿的关键性战略措施。商业模式如果能够被别人轻易学习和模仿成功，则失去了其存在的价值和意义。因此，成功的模式设计必然内在性地包含了防止模式被轻易模仿的"关键密码"。

（5）运营能力。商业模式实施内在性地要求与之相匹配的运营能力。运营能力包括两个方面：显性资源与能力，指企业所拥有的资源和能力，如有形资产、产品开发能力、营销渠道等；隐性资源与能力，指企业所具备的难以被竞争对手模仿和复制的资源与能力，如企业文化、品牌影响力等。

商业模式及其核心要素构成了企业经营活动的整体框架和核心竞争力。一个成功的商业模式需要不断地创新和优化，以适应市场变化和客户需求的变化。

图1-1 商业模式核心要素

商业模式的本质和逻辑

如果用一句简单的话来概括商业模式，那就是"公司如何赚钱，赚多少钱，如何保证持续赚钱？"这三个方面对应的则是商业模式的三条本质，那就是获取价值、创造价值和传递价值。

商业模式描述了企业如何创造价值、传递价值和获取价值的基本原理，它涵盖了企业的产品、服务、客户群、营销、运营和盈利等多个方面。而盈利则是企业持续运营和发展的基础，也是商业模式的核心目标之一。

企业的根本目的是盈利，商业模式的设计就是为了实现这一目标。一个成功的商业模式能够清晰地描述企业如何创造和传递价值，并最终实现盈利。商业模式中的盈利部分通常涉及企业的收入来源、成本结构和利润水平。通过分析盈利，我们可以了解企业的运营效率、成本控制能力和市场竞争力。一个高效的商业模式能够在保证产品质量和服务水平的同时，实现成本的最小化和利润的最大化。盈利不仅是企业当前运营的结果，也是推动企业未来创新和发展的动力。通过盈利，企业可以投入更多的资金用于研发新产品、拓展新市场、提升服务质量等，从而保持竞争优势并实现可持续发展。一个商业模式是否成功，很大程度上取决于其盈利能力。只有能够实现盈利的商业模式，才能确保企业的长期生存和发展。

在考虑是否盈利之前，也就是获取价值的时候首先要找企业自身的基础设施，那就是硬件。比如谁能帮我（合作伙伴）、我要做什么（关键业务）、我有什么（核心资源）、我要付出什么（成本结构）。创造价值的时候也就是解决什么问题（提供的产品和服务）、如何跟人打交道（客户关系）、怎样让客户找到（渠道通路），解决谁的问题（客户细分），从而实现收益（我能得到什么）。这就是一套完整商业模式的逻辑。

除了明白商业模式的核心逻辑，还要具备真正的商业思维，也就是认清商业的本质。商业的本质是卖东西—实现价值交换—赚钱。在这一过程中，又简单归结为六个系统，分别是线上系统用来解决传播流量问题、线下系统体验成交问题、产品系统解决具体卖什么的问题、模式系统解决规模化问题、研发系统解决持续性问题、售后系统解决黏性复购裂变等问题。

企业常见的四大商业模式为用户模式、产品/服务模式、资源配置模式、盈利模式。

用户模式又细分为大众市场模式，也就是面向广大普通消费者提供产品或服务，通过大规模生产、广泛的营销渠道和统一的品牌形象来满足大众需求，以薄利多销为主要盈利方式；利基市场模式专注于细分领域和小众市场；多边市场模式涉及多个相互依存的用户群体，如电商平台。

产品/服务模式主要包括产品创新模式，一般具备研发能力的企业，会把产品持续创新为核心竞争力，如苹果和华为都属于这一类。服务主导模式，企业侧重提供优质的服务体验，通过服务收费来提高消费者满意度，从而实现盈利。产品和服务相结合的模式，增加客户黏性实现盈利。

资源配置模式包括轻资产模式、重资产模式和虚拟企业模式。这几种模式都很好理解，轻资产就是投资固定资产较少的企业，重资产涉及大量的固定资产投资，虚拟企业模式是一种通过整合外部资源来实现自身运营的模式。

盈利模式包括直接销售模式、广告模式、订阅模式、佣金模式、增值服务模式等。

除了上面这些，商业模式的逻辑还体现在多个方面，如成本结构逻辑、渠道逻辑、竞争逻辑、稀缺逻辑、独特逻辑、网络效应逻辑等。这些逻辑相互交织、共同作用，构成了商业模式的完整框架。

无论有多少环节，商业模式的逻辑就是盈利，因为盈利是企业持续运营和发展的基础，也是商业模式的核心目标之一。同时，盈利也反映了企业的运营效率、驱动企业的创新和发展，并作为评估商业模式成功与否的关键指标。

图1-2 商业模式本质

商业模式的历史演变与未来趋势

商业模式从诞生的那一刻起，就注定带着强大的创新与变革基因。因为时代在变化，技术在更新，商业模式自然不可能一成不变。自有商业那天开始，相应地就存在商业模式。

以羊皮、贝壳为媒介的直接价值交换，受限于时空和供需匹配效率。固定场所的定期交易催生中间商角色，如丝绸之路上的贸易节点城市。

最早的商业模式属于商业早期，商人背着货物走街串巷、翻山越岭寻找买家，交易范围小、效率低，没有固定经营场所。这基本可以定为商业模式的雏形阶段，这个阶段物资极其匮乏，消费者需求也简单，市场上有什么样的东西，消费者就买什么样的产品。

随着改革开放的不断深入，出现了坐商模式，社会发展使商人在固定地方设店铺，有稳定经营地点和商品展示场所，提高了交易效率和便捷性，能更好地吸引顾客。如街边的服装店、书店、便利店等，这些店铺通常拥有固定的店面，长期经营，并依靠店面位置、商品质量、价格策略以及服务态度等吸引顾客上门购买。餐馆、咖啡厅等提供餐饮服务的场所，也属于典型的坐商模式。它们通过提供美味的食品、舒适的环境以及优质的服务来吸引顾客光顾。这个时代，铁匠铺、纺织作坊通过手工生产满足本地需求，形成"前店后厂"的初级闭环。

工业革命后，企业采用大规模流水线生产，如福特汽车通过流水线大幅降低生产成本，实现产品标准化、规模化生产。零售业和广告业的出现，解决了商品发行和销售的问题。零售业通过开设店铺和运用广告，将商品更有效地推销给大众。广告成为生产商向外界推荐自己商品的渠道之一，解决了库存问题，加快了商品的周转速度。商业组织的变革使大型公司逐渐出现，开始在市场中发挥着越来越重要的作用。这些公司将多个商业领域的活动整合在一起，构成了一个统一的实体，并不断扩大规模。

第三次工业革命后互联网兴起，电商打破了地域和时间限制，消费者可在家购物，企业能以较低成本拓展市场，如亚马逊、阿里巴巴等电商巨头改变了人们的购物方式。信息时代，平台经济、免费增值模式等开始成为抢眼的商业模式。电子商务的兴起推动了商业模式的创新，如B2C、C2C、O2O等新型商业模式的出现。大数据和云计算等技术的发展，使得企业可以更加精准地分析消费者需求和市场趋势，从而做出更加科学的商业决策。智能制造技术的发展使企业可以实现定制化生产，满足消费者的个性化需求。例如，C2B模式（消费者到企业）的兴起，就是企业按照消费者的需求提供个性化产品和服务的一种新型商业模式。移动互联网的普及催生了社交电商，微商利用社交媒体平台的朋友圈、公众号等进行销售，拼购类、会员制、社区团购、内容类等社交电商模式依托社交关系实现快速传播和销售。

随着物联网、人工智能等技术的发展，商业模式即将迎来新的趋势和变革。人工智能和机器学习可帮助企业精准理解客户需求，提供个性化产品和服务；区块链能提供安全透明交易环境，促进去中心化商业模式的发展；物联网设备可收集分析大量数据，改进产品设计和服务。消费者对环保和社会问题的关注度提升，企业会更注重环保、公平贸易等社会责任，采用可回收材料生产产品、减少碳排放等，如 Patagonia 户外服装公司推出修理和回收旧衣物计划。企业将提供更多沉浸式、互动式体验，把产品和服务融入体验场景，比如智能电子产品体验店让消费者在试用产品的同时参加培训课程和技术交流活动。

企业一方面利用全球资源和市场，扩大全球业务布局；另一方面根据不同地区市场特点和消费者需求，定制本地化产品、服务和营销策略。共享经济模式会在更多领域被应用，从而提高资源利用率；循环经济模式也将进一步发展，加强资源回收利用，减少浪费。

与大规模、大批量的生产方式不同，未来的企业更倾向于小规模、多批次的生产方式，以满足消费者的个性化需求。

企业之间的竞争点在于对数据和信息的占有和利用。通过收集和分析生产、销售、消费者行为等数据，企业可以做出更加精准的商业决策。消费者可以通过互联网等渠道参与到生产过程中来，提出自己的需求和意见，从而更加深入地参与商业活动。

未来商业模式面对技术融合催生新物种，比如 AI 经济、数字孪生服务、脑机接口商业化。例如，西门子工业云实现设备全生命周期模拟，运维成本降低 40%。Neuralink 催生"思维订阅"模式，直接向大脑输送服务。由此，未来的商业模式将实现价值网络重构，可持续的商业模式也将不断涌现，如碳积分交易，循环服务，生物经济，虚实融合体验，人机协同进化等。例如，特斯拉 2022 年碳积分收入达 17.6 亿美元，超越汽车业务利润率。Philips"照明即服务"模式，客户按照明付费，公司负责设备回收。Bolt Threads用菌丝体生产皮革，成本较传统工艺降低60%。

总之，工业革命后的商业模式经历了显著的变革和创新。每一次工业革命都带来了生产方式的优化和商业模式的创新。这些变革不仅推动了生产力的发展，还深刻影响了市场结构和消费方式。

商业模式的演变始终与人类社会的技术进步、经济结构变迁和消费者需求升级紧密相关。从原始社会的物物交换到数字时代的生态化平台，每一次变革都重塑着价值创造与分配的逻辑。未来的商业模式将在人工智能、区块链、碳中和等前沿技术的驱动下，走向更具颠覆性的形态。

表1-1 商业模式进化总结

进化阶段	价值主张	客户群体	收入来源	关键业务	核心资源
初始阶段	满足基础需求，产品或服务功能单一	本地小众群体，对价格敏感	产品销售、一次性服务收费	生产产品、提供基础服务	人力、设备、场地
成长阶段	提升产品质量，增加附加功能，强调性价比	区域内拓展，覆盖更多不同层次客户	产品销售增长，服务收费多样化（如增值服务）	优化生产流程，扩大服务范围	资金、技术、品牌知名度
成熟阶段	打造独特品牌形象，提供个性化解决方案	广泛市场，忠实客户群体形成	多元收入，包括授权、租赁、订阅等	供应链整合，创新研发，客户关系管理	专利、品牌资产、大数据、优质客户关系
创新转型阶段	开拓全新价值领域，如结合新技术创造颠覆式体验	全球市场，追求创新体验的先锋客户及新客群	新业务模式收入（如平台抽成、跨界合作盈利）	探索前沿技术应用，构建生态系统	前沿技术、创新人才、生态合作伙伴

商业模式迭代过程的经典类型

商业模式需要适应市场变化不断迭代,迭代过程也是寻求创新和突破的过程。商业模式的迭代经过了以下几个趋势:

(1)迭代趋势。传统商业模式时代,企业关注产品的生产和销售,以产品为中心,通过销售产品获取利润。随着消费者需求的多样化和个性化,企业开始将重心转向服务呈现,不仅关注产品本身,还重视为消费者提供全面的解决方案和优质的服务体验。例如,定制化服务、售后服务和增值服务等方式成为企业增强与消费者互动和黏性的重要手段。

(2)从物理实体到数字化转型。传统商业模式依赖于物理实体,如实体店铺、库存等,受地域和时间的限制较大。迭代趋势是随着互联网和数字技术的快速发展,企业开始实现数字化转型,通过云计算、大数据、人工智能等技术手段,实现更加精准的市场定位、个性化的产品和服务,以及更加智能化的运营和管理。数字化转型不仅提高了企业的运营效率,还拓展了市场边界,使企业能够更广泛地触达消费者。

(3)从渠道模式到平台模式。传统商业模式企业通常采用自建渠道的方式来实现销售和推广,这种方式需要大量的资源和投入,且效率和效果往往难以保证。迭代趋势使平台模式的兴起改变了传统渠道模式的局限。通过打造一个平台,企业可以吸引更多的用户和商家,实现更加精准的市场定位和个性化的服务。平台模式不仅降低了企业的运营成本,还提高了市场的透明度和效率，促进了商业生态的繁荣。

（4）从线性增长到指数增长。传统商业模式通常采用线性增长的方式，即通过增加投入、拓展市场等方式来获得更多的收益。然而，这种方式往往会受到资源和市场的限制，难以实现持续的高速增长。迭代趋势使指数增长成为企业追求的新目标。通过颠覆式的创新和变革，企业可以打破原有的市场格局和竞争态势，实现高速增长。例如，技术创新、模式创新等方式成为企业实现指数增长的重要手段。

（5）其他经典迭代类型。直销模式与零售模式的迭代，直销模式通过消除中间环节，实现厂商与消费者的直接交易，降低了成本，提高了效率；而零售模式则通过实体店铺或线上电商平台向消费者销售商品，具有广泛的覆盖面和便捷性。随着互联网的兴起，直销模式与零售模式不断融合，形成了线上线下相结合的新零售模式。搭售模式通过捆绑销售其他商品或服务来吸引消费者，提高销售额；而多次销售模式则通过 IP 的重复利用或"硬件＋耗材"等方式，实现多次销售，增加利润。这两种模式在不同行业和场景下具有不同的应用价值和效果。

商业模式在迭代的过程中，出现过很多经典的模式。例如，平台模式中的优步中国和美团，都属于卓越的企业商业模式创新。

滴滴出行为用户提供便捷、高效、舒适的出行服务，通过智能算法匹配乘客和司机，提高出行效率；为司机提供灵活的工作机会和收入来源。盈利模式是从每笔订单中抽取一定比例的佣金作为收入，还通过向酒店和旅游公司推荐服务获取佣金。拥有的核心资源是先进的打车软件技术平台、庞大的司机和乘客用户群体、高效的运营管理体系。

美团价值主张为消费者提供餐饮外卖、酒店预订、旅游、娱乐等一站式生活服务，满足用户多样化的生活需求；为商家提供线上推广、营销和销售渠道，帮助商家增加客流量和销售额。盈利模式主要通过向商家收取佣金、广告推广费用，以及从用户订单中抽取一定比例的提成来盈利。核心资源来自海量的商家资源、庞大的用户数据、智能的推荐算法和高效的配送团队。

再例如，共享模式中爱彼迎、WeWork都属于典型的案例。爱彼迎允许个人将闲置的房屋、房间出租。房屋所有者可以在平台上发布房源信息，包括房屋的位置、设施、价格等内容。游客或旅行者可以根据自己的需求进行预订，这种方式比传统酒店住宿更具个性化和性价比。WeWork打造联合办公空间，为创业者、自由职业者和小型企业提供灵活的办公场所，包括办公桌椅、会议室、网络等设施。租户可以根据自己的需求选择租赁时长，如按天、按月租赁，并且能够在共享空间中与其他租户交流合作，拓展人脉资源。

卓越企业商业模式特征

企业成千上万，但真正卓越的企业凤毛麟角，能够使用好的商业模式把企业办成功的才是卓越的企业。

卓越企业的第一大特征是可持续成长。这意味着企业在任何情况下，其利润的年复合增长率都能保持在较高水平，通常被认为是25%以上。这种持续增长不仅体现在主营业务上，还要求企业不断孵化新的增长点，以应对市场变化和行业竞争。卓越企业应具备稳健的主营业务，具备50%以上的增长潜力，并具备应对各种不确定因素的能力，如行业变化、监管政策调整等。

卓越企业在其所在的行业或细分领域中应处于领先地位。这要求企业在市场份额、品牌影响力、技术创新等方面具有显著优势。虽然不能要求每个公司都以成为行业数一数二为目标，但卓越企业至少应在某个细分领域或特定市场中占据领先地位，成为该领域的佼佼者。

第二大特征是以客户为中心。卓越企业会深入了解客户需求，不仅关注当下，还能预测未来需求变化。例如苹果公司，在推出 iPhone 之前就敏锐地察觉到人们对移动互联网设备多功能融合的潜在需求，其产品设计简洁易用，符合大众审美和操作习惯。围绕客户体验打造商业模式，从购买前的咨询、购买过程到售后的服务等环节全面优化。如海底捞火锅店，以热情贴心的服务著称，顾客在店内能享受到远超餐饮本身的关怀体验，包括免费小吃、美甲服务等。

第三大特征是产品或服务持续创新。例如特斯拉在电动汽车领域不断创新，其长续航里程、自动驾驶辅助技术等特点引领行业发展，改变了人们对传统汽车的认知。在商业模式运作方式上独辟蹊径。如共享经济模式的代表企业爱彼迎，打破传统酒店住宿模式，让个人闲置房屋资源得到利用，为旅行者提供了更具个性化和多样化的住宿选择。

第四大特征是盈利模式多元化。卓越企业的盈利有多种收入渠道，不会仅依赖单一的收入来源。例如亚马逊，它不仅有电商平台的产品销售利润，还有亚马逊会员服务（Amazon Prime）的会员费收入，以及通过云计算服务（AWS）为企业提供服务的收费等。卓越企业能够根据市场变化和企业战略调整盈利模式。例如，一些软件企业从最初的软件销售收费模式，转变为软件免费使用但通过广告或增值服务收费的模式。

第五大特征是强大的资源整合能力。既有内部资源整合，又有外部资源整合。内部有效整合企业内部的人力、物力、财力等资源。例如，丰田汽车通过实施精益生产模式，对生产流程中的人力、设备、原材料等资源进行精准整合，实现高效生产。外部资源整合善于借助外部合作伙伴的力量，包括供应商、经销商、科研机构等。例如，华为与全球众多科研机构合作，整合前沿技术资源，共同研发新技术，同时与供应商紧密协作，确保零部件供应的质量和稳定性。

第六大特征是高适应性和韧性。在面对市场波动、竞争对手冲击、政策调整等变化时能快速适应。例如，在电商行业竞争日益激烈，以及消费者需求不断变化的情况下，京东能够及时调整物流配送策略、丰富商品品类、优化用户服务，保持竞争优势；在遇到危机事件，如经济危机、公共卫生事件时能够有效抵御。

商业模式的重要性及其意义

有人问巴菲特在投资企业的时候最关注什么，巴菲特果断地回答："商业模式。"商业模式是企业正常运转的底层逻辑和商业基础，没有哪个企业能够脱离商业模式而获得良好的发展。企业无论大小，只有依存完善的商业模式，才能更加高效、科学地运作。

如果把企业比喻为一块布，那么没有商业模式的企业，仅仅是一块布，如果进行了商业模式的设计，等于将一块布做成了各种各样的东西，使一块布的价值变成了更加多元的价值，能进一步转化盈利。

所以，商业模式的重要性体现在以下几个方面。

（1）明确企业战略方向。商业模式就像一张蓝图，能帮助企业明确自己的定位、目标客户群体和市场范围。例如，一家决定采用电商模式的企业，应该知道自己要聚焦于线上渠道，针对互联网用户开展营销活动，而不应单单将重点放在实体店铺经营上。这使企业在发展过程中会有一个清晰的战略路径，避免盲目经营。

（2）整合资源。通过商业模式，企业可以梳理自己现有的人力、物力、财力等资源，将其合理分配到关键业务环节。比如一家制造企业，通过优化商业模式，把更多的资金投入研发和生产环节，减少不必要的行政开支，提高资源的利用效率。商业模式还能帮助企业找到合适的外部合作伙伴，整合各方资源。例如，互联网企业与金融机构合作，借助金融机构的支付和资金管理服务，完善自己的支付体系，同时金融机构也能获得新的业务渠道，实现互利共赢。

（3）创造和传递价值。它定义了企业如何为客户创造价值，是提供高质量的产品、个性化的服务，还是提供便捷的购物体验等。例如，快递公司通过建立高效的物流网络和配送体系，为客户创造了快速、准确送达包裹的价值。商业模式明确了价值传递的渠道和方式。例如，连锁咖啡店通过线下门店的布局、舒适的店内环境和热情的服务人员，将咖啡的美味和休闲的氛围传递给顾客。

（4）增强竞争力。好的商业模式可以使企业在竞争中脱颖而出。例如，采用会员制商业模式的企业，能够为会员提供独家优惠、优先购买权等特殊待遇，与非会员制企业形成差异，吸引并留住更多客户。通过优化商业模式降低成本，企业可以在价格上更具竞争力。例如，一些直销企业减少了中间环节的经销商成本，能够以较低的价格向消费者提供产品。

（5）实现盈利和可持续发展。商业模式直接关系到企业的收入来源和盈利方式。例如，软件公司通过出售软件许可证、提供软件定制服务或者收取软件订阅费用等多种盈利模式，保障企业的经济收益。合理的商业模式考虑了企业的长期发展，包括市场的动态变化、客户需求的演变等因素。例如，环保型企业通过采用循环经济的商业模式，在原材料采购、产品生产和废弃物处理等环节实现可持续发展，既符合社会发展趋势，又能使企业长期经营下去。

（6）吸引投资。一个企业拥有清晰且有潜力的商业模式更容易吸引投资者的关注和支持。如果是上市企业，很容易向投资者展示企业如何创造价值，这有助于建立信任，获得资金支持。

（7）风险控制。合理的商业模式可以帮助企业识别潜在的风险，并制定相应的应对措施。

总之，商业模式的意义是多方面的，涉及企业内外部的多个层面，既有战略指导作用，也有实际操作的价值，同时对社会经济产生影响。不过，需要根据具体情况进行具体分析，不同企业、不同阶段的商业模式意义可能有所不同，但其核心在于系统化地实现价值创造和持续盈利。商业模式设计不仅是企业战略规划的重要组成部分，也是连接市场需求与企业能力的关键桥梁。一个成功的商业模式能够为企业带来持久的竞争优势，并为其长期发展奠定坚实的基础。

商业模式是企业价值创造的 DNA，其意义不仅在于实现盈利，更在于系统化地整合资源、响应变化并推动创新。优秀的商业模式既是战略指南针，也是社会进步的催化剂，但其成功依赖于持续的迭代与对核心价值的坚守。

商业模式创新动力

创新是引领发展的第一动力。商业模式创新已经成为大多数企业的核心。那么，影响商业模式创新有哪些动力因素呢？

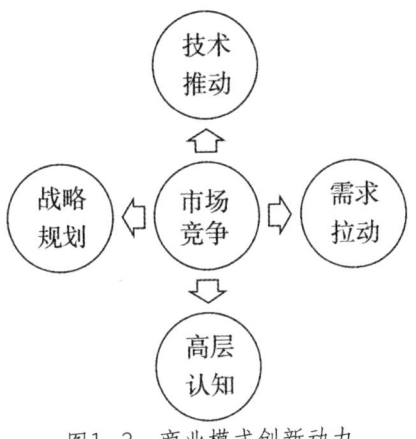

图1-3　商业模式创新动力

（1）市场竞争。在激烈的市场竞争中，企业需要不断寻找新的增长点，以保持或提升市场份额。这种压力促使企业不断审视自身的商业模式，寻找可以改进和创新的地方。通过商业模式创新，企业可以更有效地满足客户需求，提高运营效率，降低成本，从而在竞争中脱颖而出。例如，盒马鲜生通过线上线下互动的商业模式创新，打造了一家以多元化的生鲜产品为主的零售企业。这种创新的商业模式不仅成功细分了市场，还为消费者带来了多样化的服务体验，提高了企业的市场竞争力。

当竞争对手推出新的商业模式并取得成功时，企业为了保持竞争力必须创新。例如，滴滴出行的异军突起促使传统出租车公司思考如何结合互联网技术优化服务模式，或者拓展其他相关的业务，如定制化包车服务等。在竞争激烈的行业中，企业需要不断创新商业模式来获得竞争优势。例如，在电商行业，为了争夺市场份额，企业不断推出新的服务，如当日达、无理由退货、以旧换新等，这些都是商业模式创新的体现。

（2）技术推动。科学技术是第一生产力，技术的不断发展和应用为企业商业模式创新提供了强大的推动力。随着电子信息技术的飞速发展，新兴技术如互联网、大数据、人工智能等不断涌现，这些技术不仅改变了人们的生活方式，也深刻影响了企业的运营模式和商业模式。企业为了跟上技术发展的步伐，需要不断创新商业模式，以适应新的技术环境。新技术为商业模式创新提供了可能性。例如，区块链技术使去中心化的金融服务（DeFi）成为可能，改变了传统金融的交易和信任模式。物联网技术让智能家居产品能够相互连接和通信，企业借此创新出智能家居生态系统的商业模式，通过收取设备连接费用、数据服务费用等实现盈利。技术进步也能够降低运营成本，从而推动商业模式创新。例如，云计算技术使企业无须大量购买和维护服务器，降低了硬件成本和IT运维成本。企业可以将节省下来的资金投入到其他业务领域，或者采用基于云计算的软件即服务（SaaS）商业模式，以订阅的方式向用户提供软件服务。

（3）需求拉动。消费者的需求是企业商业模式创新的另一大动力。随着社会经济的不断发展，消费者的需求也在不断变化，对产品和服务提出了更高的要求。为了满足消费者的需求，企业需要不断进行产品和服务的创新，而最根本的创新就是商业模式的创新。通过创新商业模式，企业可以更好地满足消费者的需求，提高市场竞争力。随着生活水平的提高，消费者需求从基本的产品功能向更高层次的体验、个性化和情感满足转变。

例如，消费者对智能手机的需求不再局限于打电话和发短信，还期望有出色的拍照功能、快速的运行速度和时尚的外观设计。这种需求变化促使企业创新商业模式，如提供手机定制服务或与知名摄影师合作优化拍照功能。新的消费群体，如Z世代（1995—2009年出生的人群）的出现，带来了不同的消费观念和行为模式。他们更注重线上消费、社交互动和即时满足。企业为了迎合这些新群体，需要创新商业模式，如采用直播带货、社交电商等方式吸引年轻消费者。

（4）行业变革。行业变革也是推动企业商业模式创新的重要因素。随着行业环境的变化，企业需要不断调整商业模式以适应新的市场格局和发展趋势。例如，随着数字化转型的加快，企业需要构建数字化的商业模式以提升运营效率和用户体验。

（5）企业战略和愿景。企业战略调整可能导致商业模式创新。例如，企业从产品销售型战略向服务型战略转型，就需要创新商业模式，从单纯的产品交易模式转变为产品—服务捆绑销售模式，或者提供产品全生命周期的服务。企业的长期愿景也推动商业模式创新。如一些企业的愿景是成为全球可持续发展的领导者，为了实现这一愿景，企业会创新商业模式，在产品设计、生产、销售和回收等各个环节融入可持续发展的理念。

（6）高层认知。高层认知是指企业高层管理者理解和处理信息的深度与广度达到较高层次，能够全面、深刻地看待问题，并找到根源，提出创新解决方案的能力。在这种认知层次上，高层管理者能够更全面地分析市场环境、客户需求和竞争态势，从而做出更具前瞻性和创新性的决策。

例如，苹果公司的高层管理者具备卓越的高阶认知能力，他们不断推动产品创新和商业模式创新，使苹果成为全球最具价值的品牌之一。苹果通过引入App Store等创新商业模式，成功地将iPhone等设备转变为移动互联网平台，吸引了大量开发者和用户，实现了商业模式的颠覆性创新。

亚马逊公司的高层管理者同样具备高阶认知能力，他们不断挑战传统商业模式，推动创新。例如，亚马逊通过引入云计算服务 AWS 等创新商业模式，成功地将自身从一家电子商务公司转变为全球最大的云计算服务提供商之一，实现了商业模式的多元化和可持续发展。

（7）组织能力。企业的组织能力也是推动商业模式创新的关键因素。企业需要拥有灵活的组织结构和创新的文化氛围，以促进商业模式创新的落地和实施。通过培养员工的创新意识和创新能力，激发企业的创新活力，有助于企业不断推出新的商业模式和产品服务。

（8）政策推动。政府在推动商业模式创新方面也发挥着重要作用。政府通过制定相关政策、提供资金支持、优化营商环境等方式，鼓励企业进行商业模式创新。政府的支持和引导为企业提供了更多的创新机会和资源，有助于企业实现商业模式的转型升级。政府出台的鼓励创新政策可以激励企业进行商业模式创新。例如，对于新能源汽车产业，政府给予购车补贴、税收优惠等政策，促使汽车企业大力发展新能源汽车销售和租赁业务，探索新的商业模式，如电池租赁模式。法律法规的变化也会引导商业模式创新。例如，环保法规日益严格，促使企业从传统的线性生产模式（资源—产品—废弃物）向循环经济模式（资源—产品—再生资源）转变，催生了产品回收再利用、共享产品等创新商业模式。

总之，商业模式创新的动力是多方面的，包括技术推动、需求拉动、竞争逼迫、政府促进、行业变革和组织能力等。这些动力相互作用、共同推动企业进行商业模式创新，以适应不断变化的市场环境和消费者需求。

创新阻力与影响

凡是创新的事物有动力也会有阻力，商业模式亦是如此。商业模式创新是企业发展的重要驱动力，但在实际推进过程中，企业往往会面临多方面的阻力。

从内部阻力来看，企业惯性思维和运营惯性往往会成为商业模式创新的阻力。企业长期形成的思维定式和运营惯性是商业模式创新的一大阻碍。过往的成功经验可能导致管理层对现有模式过度依赖，缺乏对新趋势和新机会的敏锐洞察力。员工也可能习惯于既定的工作流程和职责分工，不愿意改变和尝试新的方式。再者，组织结构的僵化、部门之间的壁垒以及利益分配的不均衡，都可能影响商业模式创新的推进。新的商业模式可能需要跨部门协作，但部门之间的沟通不畅、目标不一致会导致协作困难。如果企业内部资源分配不均，创新则需要投入大量的资源，包括资金、人力、技术等。

创新意味着要面临不确定性和风险，企业担心新的商业模式无法带来预期的收益，甚至可能导致失败。这种风险规避心理会使企业在创新决策上过于谨慎，错失良机。

内部阻力还有资源限制和人力资源短缺的问题。商业模式创新通常需要资金投入用于研发、市场测试、技术基础设施建设等。对于一些中小企业而言，可能无法承担这些费用。例如，一家小型零售企业想搭建自己的电商平台，但缺乏足够的资金来聘请专业的技术团队、购买服务器和进行市场推广。

创新过程中的资金回收周期可能较长，且存在不确定性。比如，在新的定制商业模式下，企业可能需要在前期提供大量的免费试用服务来吸引用户，而付费用户的转化率和留存率在前期难以预估，这就增加了企业的资金压力。

商业模式创新需要具备创新思维、跨领域知识和技能的人才。企业可能缺乏这样的人才，尤其是既懂技术又懂业务和市场的复合型人才。例如，当企业要开展人工智能驱动的商业模式创新时，很难找到足够的既熟悉人工智能算法又了解行业市场需求的人才。

企业现有员工可能对新商业模式所需的技能和知识缺乏了解，培训他们需要投入大量的时间和成本。比如，企业转向数字化商业模式后，需要员工掌握数据分析、数字营销等新技能，但员工的学习能力和意愿参差不齐，会影响创新进程。

从外部阻力来看，宏观经济形势的波动、政策法规的变化等外部因素，增加了商业模式创新的难度和风险。企业在应对外部不确定性时，可能会因缺乏足够的应变能力而受阻。利益相关者可能担心创新会影响自身的既得利益，从而抵制变革。技术的快速更新使企业原有的商业模式可能迅速过时，需要不断投入资源进行技术创新和升级。

市场需求难以精准预测，消费者的喜好和行为可能会突然发生变化。例如，企业推出的创新型健康食品，原本预计在健身人群中会有很好的市场，但如果市场风向突然转向对低糖食品的偏好，就可能导致产品不受欢迎。

市场竞争格局的动态变化也带来不确定性。新的竞争对手可能随时进入市场，采用不同的商业模式来抢夺份额。例如，共享办公领域在发展过程中，不断有新的品牌涌入，它们可能通过更优惠的价格、更灵活的空间配置等方式吸引客户，给现有企业的创新带来压力。

商业模式创新可能面临法律法规的空白或不明确。例如，金融科技领域的一些创新业务，如数字货币、智能投顾等，可能会因为监管政策尚未完善而面临合规风险。

政策变化也可能对商业模式创新产生不利影响。比如，政府对某个行业的税收政策调整、环保要求提高等，都可能增加企业创新的成本或限制创新的方向。

第2章
不同企业商业模式创新

传统企业模式障碍及解决方法

经营如逆水行舟，不进则退。不同企业在面临转型的时候都会遇到相应的障碍，尤其是在施行了长时间的熟悉的商业模式后，很难适应新的变革。

在我咨询或培训过的很多企业中，经常会被问及企业管理的诸多问题，我常常会选择反问的形式，我发现这些企业的管理活动更多是围绕细枝末节进行修修补补，缺少对企业整体运营的系统思考，却浑然不知问题的根源在哪里。不同的企业性质，模式障碍也不同。我们身边有不少传统企业转型的例子，虽然不少企业转型成功也获得了回报，但仍有很多传统企业还在考虑和犹豫不定。不转型没有出路，转型转不好又会把自己逼上绝路。

那么，传统企业模式存在哪些障碍，又有什么解决方法呢？

传统企业是相对现代企业而言的，通常分布于传统产业之中，如食品加工工业、纺织服装工业、农林畜牧业、建筑建材工业、机械设备工业、汽车工业、冶金工业等。这些行业中的企业，主要应用传统工艺进行产品生产或服务供给，因此被称为传统企业。传统企业主要以加工制造业为主，劳动密集型特征明显。

传统的商业模式是先投入，后赚钱。即原料采购—制造加工—物流库存—市场投入—渠道建设—客户成交—赚到利润—循环投入。传统的商业模式主要关注企业与用户、供应商及其他合作伙伴的关系，尤其关注的是彼此间的物流、信息流和资金流。

中国民营企业经过近几十年的发展，取得了非凡的成绩，与此同时，企业发展中出现的很多问题也不容小觑，一些民营企业尤其是中小民营企业正面临着发展中的诸多问题。其中，最严重的就是商业模式的弊端正日益凸显，随着全球经济一体化的到来，竞争更加激烈，各行业都是供大于求，产品同质化程度非常严重，同时，随着互联网技术的不断渗透，商业模式的落后已经严重制约了中小民营企业的发展。

传统企业在商业模式创新过程中面临诸多障碍，主要包括：

（1）思维习惯。长期以来形成的传统思维模式和业务运作方式，使企业内部人员往往习惯于遵循既定的规则和流程，对新的商业模式和理念产生抵触情绪。有些传统企业老板一言堂，永远是老板发出指示，员工学习老板的思维方法，一旦创新需要换掉"旧血液"，换上"新血液"，老板和员工往往都不愿意改变。企业内部的组织结构和部门划分可能导致信息流通不畅、协调困难以及利益冲突。不同部门之间可能为了维护自身的利益和权利，对商业模式创新的举措进行抵制或消极应对。资金、人力、技术等资源的不足是商业模式创新的常见障碍。创新往往需要投入大量的资源进行市场调研、技术研发、试点推广等，但企业可能由于财务状况不理想或资源分配不合理，无法为创新提供足够的支持。

（2）信息反馈的滞后。在传统企业商业模式中，消费者不直接面对企业，而是面对零售商和中间商。消费者对产品或服务提出的建议、评价无法及时传达到企业层面，这样会导致企业无法直接面对消费者的诉求，长此以往，会无法获得客户群，也就直接影响了市场效率。如果企业不能准确把握市场需求、客户痛点以及竞争对手的动态，就难以设计出符合市场趋势和客户需求的创新商业模式。

（3）时间地点营销局限。传统企业多数属于店铺内交易，会存在时间、地点方面的局限，无法随时随地交易，这也是传统企业渐渐在互联网盛行的当下感到力不从心的原因所在。新技术的不断涌现和快速更迭，使企业在选择和应用技术时面临困难。如果不能及时跟上技术发展的步伐，就可能在商业模式创新中处于劣势。

传统企业面临上述的障碍和阻力，解决的方法就是要把曾经主打线下模式和纯互联网行业主打的线上模式相融合。

组织层面，传统行业和互联网两种不同背景的从业者、做事思路和方法会有差异。若内参人员架构只是简单地同时配置两种不同背景的人，很多项目将无法落地实施。因而，企业既需要传统业务人员，又要接受有互联网背景人员的创新思想。

战略层面，传统企业也要实现线上线下全方位互补，不同业务可以分别设置不同的业务负责人，比如当流量为主时让互联网背景人员主导；当实体为主时让传统背景人员主导，打造企业内部的"鲇鱼效应"。传统行业背景和互联网背景从业人员互相搭配，彼此制约又相互促进。

总之，传统企业模式创新需要以开放的心态，不断用测试的冗余性换取增长的确定性，形成一套可以迭代增长的体系化方法论。

新型企业模式创新和前景展望

随着时代进步和科技发展，现在不断出现了一些新型企业。

新型企业是一个相对宽泛且不断发展的概念，它通常指的是那些具备创新特质、采用新型经营模式和策略，以及适应未来发展趋势的企业。

新型企业往往注重技术研发和创新，拥有自主知识产权和知名品牌。它们通过技术创新来获取市场竞争优势，实现产品的差异化和升级。新型企业善于探索新的商业模式，如共享经济、平台经济等。这些新模式能够打破传统行业的界限，实现资源的优化配置和高效利用。新型企业在管理方面也具有创新性，如采用扁平化管理、敏捷开发等新型管理模式。这些模式能够提高企业的运营效率，加快市场响应速度。新型企业通常注重数字化转型，通过数字化手段提高企业的运营效率和市场竞争力。它们利用大数据、云计算、人工智能等技术，实现业务流程的自动化和智能化。

新型企业包括独角兽企业、创新型中小企业、科技型中小企业、专精特新中小企业、高新技术企业、互联网企业、共享经济企业、跨境电商企业等都属于新型企业范畴。

这些企业的共同特点是以互联网为平台。通过技术创新和商业模式创新，实现高效运营和快速发展，通常拥有庞大的用户群体和丰富的产品线，如电商平台、社交媒体平台等。通过平台整合资源，实现资源的高效配置和企业间的共赢的企业通常通过共享闲置资源来降低成本、提高效率等。借助互联网技术和国际贸易规则，实现商品跨国流通，通常具有全球化的视野和布局，能够为用户提供更加便捷、高效的购物体验。以技术服务为依托，提供解决方案和专业技术服务的企业，通常专注于某个领域或行业的技术研发和应用，为用户提供定制化的解决方案和技术支持。

随着人工智能和自动化技术的不断发展，新型企业将更加注重智能化和自动化技术的应用。利用大数据、人工智能等技术，实现生产、运营、管理等环节的智能化升级，提高效率和精准度，如预测性生产、智能客服等。持续进行技术创新、模式创新或产品创新，以在竞争激烈的市场中脱颖而出，满足消费者不断变化的需求。服务方面，从单纯提供产品转向提供产品+服务的综合解决方案，增加客户黏性和附加值。响应"双碳"目标，在生产经营中注重环保和可持续发展，推动行业向绿色方向转型。跨行业、跨领域合作日益频繁，创造新的业务形态和商业模式，如科技与金融、医疗与互联网的融合等。全球化布局，积极拓展海外市场，利用全球资源和市场，提升企业的国际竞争力。

例如，百果园在2015年开始全面数字化建设，分信息化覆盖、在线化改造和全面数字化三个步骤构建水果零售全产业链"数字体系"。通过建立"雁阵"系统等举措，实现了业务流程的优化和智能化决策，提升了运营效率和客户体验。

浔兴拉链面对"小单快反"模式的挑战，将每个环节数字化，把全部标准进行数字建模，打通所有环节。实现了质量检测的自动化和智能化，提高了产品品质，缩短了交货周期。

麦芽传媒作为短剧行业的新兴企业，通过飞书的群消息全员可见、飞书项目、OKR、多维表格等工具，解决了跨界人才协同和创新效率问题，制作出13部破亿短剧，实现了快速发展。

智谱大模型领域的技术创新型企业，利用飞书审批接入成熟的交付流程体系，以飞书作为业务提报的唯一入口，接入 CRM 商机管理，并通过多维表格进行信息同步和流程数据可视化管理，解决了超级个体、超级团队间复杂的沟通协作问题。

新型企业是以技术创新、商业模式创新或管理创新为核心，具备较强市场竞争力和持续创新能力的企业。这些企业通常注重数字化转型、智能化与自动化、绿色与可持续发展以及全球化与国际化等发展趋势。

规模型国有企业战略管理

规模型国有企业是指达到一定生产规模和经济实力的国有企业。这类企业通常在行业中占据重要地位，拥有较大的市场份额和较高的品牌影响力。

以下是一些规模型国有企业案例：

上饶市城投能源集团有限公司，资产与业务规模统一管理多家控股、参股企业，涵盖光伏发电、能源环保、环保科技、环保建材等业务，2023年光伏累计发电 26 046 万千瓦时，能源环保公司处理生活垃圾 55 万吨，年发电量约 2.25 亿度。改革举措是优化内部机制，加强党建，重组整合业务，调整内部机构；加强资产管理，推进资产注入、强化运营、加大盘活；健全制度体系，完善管理制度，加强薪酬绩效管理，推动安全生产。

陕西水务发展集团资产规模超千亿元，服务人口超 2 000 万，年度累计营收较整合前同期增长 34%，利润总额同比增长 128.7%。改革举措是优化资源配置，实施战略性重组和专业化整合，划分六大板块，设立19家二级公司，构建"1+N"内部决策制度体系，建立职级管理体系和绩效激励机制。

北京京城机电控股有限责任公司旗下北京北一机床有限责任公司，作为中国机床行业的领军企业，产品应用于汽车、船舶等国民经济重点行业，拥有"国家认定企业技术中心"和CNAS认可实验室。制造的高精度龙门系列产品精度、性能达世界一流水平，XKA28105×300数控动梁桥式龙门铣床等"三剑客"产品刷新单台金切机床售价纪录，数控超重型桥式龙门五轴联动车铣复合系列机床获"中国机械工业科学技术一等奖"。

蜀道集团总资产规模高达1 035亿元，净资产3 108亿元，业务遍布30多个国家和地区，员工约5万人。投资建设和运营的高速公路总里程超1万公里，铁路总里程超7 000公里。2022年荣登《财富》杂志世界五百强榜单第413位，成为四川省省属国企第一位世界五百强。

战略规划是企业为实现其经营目标，谋求长期发展而制订的带有全局性、长远性、方向性和根本性的经营管理计划。对于规模型国有企业而言，战略规划尤为重要，因为它不仅关系到企业的当前发展，还影响到企业的未来走向和长期竞争力。

规模型国有企业虽然已经具有了强大的行业经验和影响力，但在战略规划方面依然不能松懈，具体规划步骤如下：

（1）回顾企业历史业绩，分析当前经营情况，包括资产规模、营业收入、利润总额等财务指标。评估企业在行业中的位置，以及与其他竞争对手的差距。

（2）问题分析。从业务和管理两个维度展开，分析现有行为与规划举措之间的目标差异和执行差异。识别企业面临的主要问题和挑战，如市场变化、技术革新、政策调整等。

（3）形势研判。分析行业宏观环境，包括宏观政策、产业政策、国内外经济形势等。评估行业发展环境与市场前景，包括市场容量、市场盈利、客户需求、竞争态势等。

（4）调整对策。根据形势研判的结果，制定针对性的调整对策。明确企业未来的发展方向和目标，包括业务增长、市场拓展、技术创新等方面。

战略规划的具体内容，包括发展目标、产业结构、业务举措、管理保障等。

企业需要设定清晰、具体、可衡量的发展目标，包括短期目标和长期目标。确保发展目标与企业的整体战略相切合，能够推动企业持续发展。分析企业当前的产业结构，识别优势和劣势。根据市场需求和竞争态势，调整产业结构，优化资源配置。制定具体的业务举措，如市场拓展、产品研发、生产制造等。确保业务举措能够支撑总体发展战略，推动企业实现发展目标。加强公司治理体系建设，提高决策效率和管理水平。加强人才队伍建设，提高员工素质和技能水平。强化风险管理能力，确保企业稳健发展。

在战略实施的过程中要时时监控，随时调整，以期达到持续优化的目的。将战略规划分解为具体的实施计划，明确责任人和时间节点。确保实施计划具有可操作性和可衡量性。建立战略规划的监控机制，定期对实施情况进行评估和反馈。根据评估结果，及时调整实施计划，确保战略规划的顺利推进。在战略规划的实施过程中，不断总结经验教训，持续优化战略规划。关注行业动态和市场变化，及时调整战略规划的方向和重点。

规模型国有企业在制定战略规划时,需要综合考虑多个方面,包括总体评估、问题分析、形势研判和调整对策等。同时,还需要明确发展目标、优化产业结构、制定具体的业务举措和加强管理保障等方面的工作。在实施战略规划的过程中,需要建立有效的监控机制和持续优化机制,确保战略规划的顺利推进和企业的持续发展。

数字时代商业模式创新战略

数字时代的商业模式是指企业在数字经济背景下,运用数字技术、互联网平台以及新的商业理念,重新定义和设计其创造价值、传递价值和获取价值的方式。数字时代的商业模式是企业在数字技术的推动下,形成的新的业务形态和盈利方式。它涵盖了企业从产品设计、生产、销售到服务的全过程,并强调与消费者、合作伙伴等利益相关者的互动和共创价值。

互联网的技术结构已经决定了商业世界运行的基因。数字时代通过数据为纽带,不断虚拟化商业活动,为了实现某种特定的目的,将分布式资源以最高效的组合方式,冲击和改变着原有的资源整合方式和商业运作形式,在互联网所构建的网络世界里,每一个环节都是平等的,每一个节点都是彼此增强的,数据成为全新驱动要素。

以亚马逊为例,它通过云计算、大数据和物联网等数字化技术来推动商业模式的转变。其价值主张是提供广泛的商品选择、良好的客户体验和快速的送货服务。在客户关系和渠道两个模块中,亚马逊借助数字技术创新了多种互动方式和销售渠道，如智能手机应用程序、社交媒体和在线购物平台。此外，亚马逊还发展了一系列云计算和物联网服务，用于数据存储、计算和分析等方面，进一步推动了其商业模式的创新。

在数字经济的浪潮中，数据已成为新的生产资料，是企业获取竞争优势的关键资源。数据驱动的商业模式创新，不仅仅是技术的变革，更是商业思维的转变。

企业可以通过对数据的分析和运用，提炼信息，识别新的商业机会，优化产品和服务，以及个性化客户体验。

首先是数据带来的感知力。在数据驱动的商业模式中，感知力又可以称为需求洞察力。企业通过收集数据，利用分析工具，可以精准预测和塑造市场需求，创造新的价值提案。

其次是数据带来的敏捷力。由于企业在数据分析中得到了客户需求和市场变化，能够以更快的速度迭代产品和服务。提升开发方式，实现原型设计和测试，能够缩短产品上市时间。

最后是协同力。数据赋能下的企业部门和跨部门之间能够实现资源共享、知识交流和合作创新。通过数据共享和技术平台共享，企业可以高效配置资源，推动创新，提高运营效率。

在数字时代，商业模式创新战略主要包括以下几种：

（1）以客户为中心的战略。一般包括精准营销与个性化服务、优化客户体验。利用大数据分析客户的行为、偏好和需求，企业可以开展精准的营销活动。例如，亚马逊根据用户的浏览历史和购买记录推荐商品，使营销更具针对性。同时，企业也可以为客户提供个性化的产品或服务，如耐克的个性化运动鞋定制服务，满足消费者对独特产品的需求。聚焦于改善客户在各个接触点的体验。例如，星巴克通过其手机应用程序提供移动点单和支付功能,还能获得会员积分,让顾客享受更便捷的服务,提升整体体验。

(2)数据驱动的战略,包括数据资产化和数据驱动决策。将数据视为重要资产,收集、整理和存储有价值的数据。例如,金融机构通过收集客户的财务信息、交易记录等数据,用于风险评估、产品设计和精准营销等多个方面。企业依靠数据分析来做出更明智的决策。例如,Netflix通过分析用户的观看行为数据来决定制作或采购哪些影视内容,从而提高内容的吸引力和用户的满意度。

(3)平台战略,包括构建双边或多边平台并进行平台生态拓展。创建平台以连接不同的用户群体。比如,淘宝作为一个电商平台,连接了商家和消费者,通过提供交易场所、支付工具和信用评价系统等服务,促进双方的交易,从中获取收益,如交易手续费、广告收入等。不断拓展平台的功能和服务,吸引更多的参与者,构建丰富的生态系统。例如,苹果的App Store,除了为用户提供各种应用程序下载服务外,还为开发者提供开发工具、推广渠道等,形成了一个包括用户、开发者、广告商等多方参与的生态系统。

(4)融合创新战略,既有线上线下的融合也有跨行业融合。将线上的数字优势与线下的实体体验相结合。例如,小米之家线下体验店与小米的线上商城相互配合,用户可以在体验店体验产品后,再通过线上渠道购买,享受线上的优惠价格和配送服务,同时线上渠道也可以为线下体验店引流。不同行业的企业通过合作或整合实现创新。例如,医疗与信息技术行业融合产生的远程医疗服务,或者汽车与电子行业融合出现的智能汽车等,通过融合创造新的价值主张和商业模式。

数字时代的商业模式是企业在数字经济背景下形成的新业务形态和盈

利方式。它具有智能化、平台化、共享化等特点，并由价值主张、客户细分、渠道通路等关键要素构成。在数字时代，商业模式创新是推动企业持续发展的重要动力，企业需要加强技术创新、深化市场洞察、优化组织结构和加强合作与共享等方面。

AI赋能商业模式的升级变革

AI时代的商业模式是以人工智能技术为基础，结合商业策略和用户需求，形成的一种全新的商业运营方式。这种商业模式利用AI技术来优化和改变传统的商业模式，旨在提高效率、降低成本、增加收益，并为用户提供更加个性化、精准的服务。

AI赋能商业模式的核心特点是智能化、效率高、个性化强。智能化是通过人工智能技术，企业可以自动化地处理大量数据，快速分析市场趋势和用户需求，进而制定出更精准的商业策略。这种智能化不仅体现在数据处理和分析上，还体现在产品或服务的智能化上，如智能音箱、智能家居等智能硬件产品的出现。效率高体现在AI技术可以显著提高生产、流通、消费等各个领域的效率。通过自动化和智能化技术，企业可以减少人力和物力的浪费，降低成本，提高收益。例如，在制造业中，AI技术可以提高生产线的自动化程度，减少人力投入，提高生产效率和产品质量。个性化强这方面，AI技术可以根据用户的行为、喜好和需求，提供更加个性化和定制化的产品和服务。这种个性化服务提高了用户满意度和忠诚度，为企业带来了更高的收益。例如，在零售业中，AI驱动的个性化推荐系统可以帮助商家更好地了解用户需求，提升销售转化率。最后，随着环保意识的增强，AI 商业模式也更加注重可持续性发展。采用更加环保、可持续的生产和流通方式，实现经济和环境的共赢。例如，通过 AI 技术优化供应链管理，减少浪费和污染，提高资源利用效率。

AI 的发展，可以应用在零售业、制造业和金融业、大健康产业中。在零售业中，AI 技术被广泛应用于库存管理、销售预测和客户分析等方面。通过 AI 技术，商家可以更加精准地预测市场需求和消费者行为，从而制定更加合理的库存计划和销售策略。在制造业中，AI 技术可以提高生产线的自动化程度和智能化水平。通过 AI 技术优化生产流程、提高生产效率、降低生产成本，并提升产品质量和竞争力。在金融业中，AI 技术被广泛应用于智能风控、智能投顾等方面。通过 AI 技术，金融机构可以更加精准地评估风险和投资机会，为用户提供更加便捷、高效的金融服务体验。在大健康产业中，AI 技术可以通过智能诊断、智能护理等方式提高医疗服务的水平和效率。通过 AI 技术辅助医生进行诊断和治疗计划的制订，提高医疗服务的准确性和效率。

人工智能赋能商业模式主要体现在以下几个方面。

（1）提升客户体验。电商平台如亚马逊、淘宝等利用人工智能算法分析用户的浏览历史、购买记录、搜索行为等数据，为用户提供精准的商品推荐，提高用户发现心仪商品的概率，增加购买转化率。许多企业的智能客服系统能够自动识别和理解客户的问题，快速给出准确的回答，实现 24×7 无间断服务。如小米的智能客服，通过自然语言处理技术与客户进行流畅对话，解决常见问题。

（2）优化运营效率。富士康等制造企业利用人工智能实现生产过程的自动化和智能化管理。通过物联网传感器收集生产数据，运用机器学习算法进行分析，实现对生产设备的实时监控和故障预测，提高生产效率和产品质量。沃尔玛等零售企业利用人工智能优化供应链管理。通过分析历史销售数据、市场趋势和供应商信息等，预测需求，优化库存水平，实现供需的精准匹配，降低库存成本和缺货风险。

（3）创新产品与服务。智能家居领域的 Roomba 扫地机器人，能够通过人工智能技术扫描房间，识别障碍物，规划最佳清扫路线，并学习用户的使用习惯，提供个性化的清洁服务。Betterment 等金融科技公司提供机器人咨询服务，利用人工智能算法为用户提供个性化的理财建议，以方便、经济的方式向大众开放理财规划。

（4）精准营销与决策。腾讯广告利用人工智能技术对海量用户数据进行分析，帮助广告主精准定位目标客户群体，实现广告的精准投放，提高广告效果和投资回报率。达美乐通过分析消费者的订单数据、配送数据等，利用人工智能算法优化门店布局、配送路线和产品菜单，为企业决策提供有力支持。

随着 AI 技术的不断成熟和普及，智能化服务将在更多领域得到应用和推广。企业将通过 AI 技术提供更加个性化、精准的服务，满足用户多样化的需求。

AI 技术将推动不同行业之间的跨界融合和生态构建。通过 AI 技术打破传统行业的界限，实现资源共享、优势互补和协同创新，共同推动商业模式的创新和发展。在 AI 时代，数据将成为企业决策和运营的核心。通过 AI 技术对海量数据的分析和挖掘，企业可以更加精准地了解市场需求和消费者行为，从而制定出更加科学合理的战略规划和运营策略。

基于 AI 技术的商业模式需要不断创新和持续迭代以适应市场的变化和用户需求的变化。企业需要密切关注 AI 技术的最新进展和行业动态，及时调整和优化自己的商业模式以保持竞争力。

第3章
战略管理全景透视

战略的意义和基本属性

企业战略是指企业在长期发展过程中,为实现其愿景和使命,通过分析内部和外部环境,制定的一系列具有指导性、全局性和长远性的决策和行动计划。它是企业各种战略的统称,包括竞争战略、营销战略、发展战略、品牌战略、融资战略、技术开发战略、人才开发战略、资源开发战略等。这些战略共同构成了企业战略体系,指导企业在不同领域和层面的决策和行动。

简单理解企业战略就是企业根据所处环境和自身实力所制定的未来较长一段时间的发展方向和大政方针。

企业的战略是对企业整体性问题的计谋,它涉及企业的各个方面和层次,包括公司战略、职能战略、业务战略及产品战略等。这些战略相互关联、相互支持,共同构成了一个完整的战略体系。

企业战略涉及的是企业最基本的问题,如企业的使命、愿景、核心价值观等。这些问题关系到企业的生存和发展,是企业制定其他战略和计划的基础。为企业提供了明确的发展方向和目标,是企业经营管理的行动指南。它界定了企业的经营方针、行动指南和实现目标的发展轨迹,指导企业在不同领域和层面的决策和行动。

企业战略立足于未来,通过对国际、国家的政治、经济、文化及行业等经营环境的深入分析,结合自身资源,站在系统管理高度,对企业的远景发展轨迹进行了全面的规划。它不仅要考虑企业的内部资源和能力，还要关注外部环境的变化和趋势，以制定出符合企业实际情况和未来发展需要的战略。

竞争是市场经济不可回避的现实，企业战略需要在激烈的市场竞争中取得优势。因此，企业战略需要具有竞争性和对抗性，通过制定差异化竞争策略，形成企业独特的竞争优势，提升企业在市场上的竞争力。

卓越企业都离不开战略。

苹果公司的战略是"创新与差异化"，致力于通过创新和差异化保持竞争优势，创造具有颠覆性技术和设计的产品，注重用户体验和品牌建设。在战略实施过程中推出的 iPhone、iPad 和 iPod 等产品改变了相关行业格局，成为全球最具经济价值的公司之一，建立了庞大且忠实的用户群体，产品在高端市场占据主导地位。

亚马逊"客户至上"战略，把客户满意度放在首位，提供广泛的产品范围、有竞争力的定价和高效的配送服务，推出 Amazon Prime 等创新服务提高客户忠诚度。从一家在线书店发展成为全球最大的电子商务和云计算公司之一，业务涵盖电商、物流、云计算、流媒体等多个领域，Prime 会员数量不断增长，为公司带来稳定的收入和利润。

特斯拉"颠覆性战略"坚定地致力于电动汽车和可持续能源领域，通过技术创新和产品优化，推动电动汽车的普及，改变人们对传统汽车的认知。特斯拉成为电动汽车市场的领导者，市值不断攀升，带动了整个汽车行业向电动化和智能化转型，其自动驾驶技术也处于行业领先地位。

三只松鼠"精准定位与差异化"战略，避开传统线下渠道竞争，专注于线上坚果零售，定位为"互联网坚果第一品牌"，通过产品创新、品牌塑造、高效供应链管理和灵活营销策略，打造极致用户体验。从一个小型电商创业项目发展成为坚果零食行业的领军企业，销售额快速增长，品牌知名度和市场份额大幅提升，成为电商平台上的明星品牌。

微软采用"多元化发展"战略，从专注于Windows操作系统转向云计算、人工智能、游戏等更广泛的产品和服务领域，通过投资和收购拓展业务版图，实现了业务的多元化发展，Azure云平台成为全球云计算市场的主要竞争者之一，公司在多个领域保持领先地位，市值也屡创新高。

所以，企业战略是企业为实现其愿景和使命而制定的一系列具有指导性、全局性和长远性的决策和行动计划。它具有整体性、长期性、基本性、指导性、全局性和竞争性等基本属性，这些属性共同构成了企业战略的核心特征。企业战略是统筹各项分战略的全局性指导纲领，是企业最高管理层指导和控制企业一切行为的最高行动纲领。

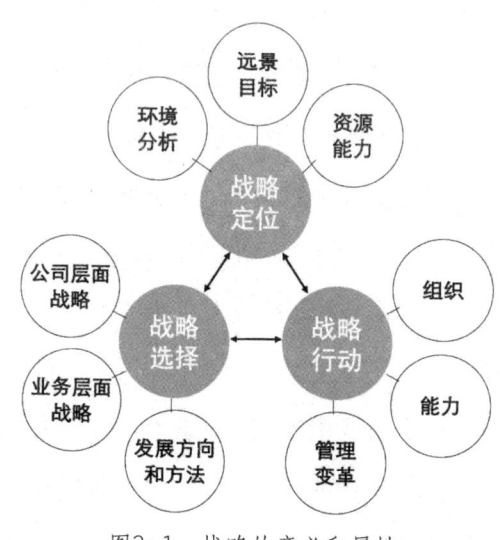

图3-1　战略的意义和属性

互联网时代企业面临的外部挑战

企业要想生存和发展必须紧跟时代的发展,我们已经从工业 1.0 的机械化进化到了工业 4.0 智能化时代,从之前的"确定和可预测"变成了当下"不确定、模糊和不可预测",这意味着企业面临着更多的挑战。

互联网时代使得信息传播速度加快,市场竞争变得更为激烈。企业不仅要面对传统竞争对手的挑战,还要应对来自互联网的新进入者的竞争。这些新进入者往往具有更灵活的经营模式和更快的创新速度,给传统企业带来了巨大的市场压力。

企业具体要面临哪些外部压力呢?

(1)用户需求变化快速。在互联网时代,用户需求呈现出多样化和个性化的特点。消费者通过互联网可以方便地获取各种信息,对产品和服务的要求也越来越高。企业需要不断关注用户需求的变化,及时调整产品和服务策略,以满足用户的个性化需求。然而,这种快速变化的需求给企业的市场预测和产品开发带来了很大的不确定性。

(2)虚实融合带来的竞争多样。虚实融合的竞争多样性体现在技术、市场、创新和文化等多个方面。这种多样性不仅推动了虚实融合技术的不断发展和升级,还为企业提供了新的增长点和市场空间。同时,也为消费者提供了更加多样化、个性化的产品和服务体验。

(3)技术更新换代频繁。互联网时代是技术飞速发展的时代。新的技术不断涌现，旧的技术很快被淘汰。企业需要不断投入研发资金，引进新技术，提升产品的技术含量和附加值。然而，技术的更新换代也给企业带来了很大的挑战，如技术投入的风险、技术人才的短缺等。

（4）数据安全和隐私保护压力增大。互联网时代，数据成为企业的重要资产。然而，随着数据量的增加和数据价值的提升，数据安全和隐私保护问题也日益突出。企业需要加强数据安全防护，防止数据泄露和被盗用。同时，企业还需要遵守相关的数据保护和隐私法规，确保用户的个人信息得到妥善保护。

（5）跨行业竞争和颠覆性创新。互联网时代，竞争常常来自跨行业的颠覆。一些看似与传统行业无关的新兴企业，通过颠覆性的创新模式和技术手段，迅速崛起并占据市场份额。这种跨行业的竞争给企业带来了巨大的挑战，需要企业具备跨界思维和创新能力，以应对潜在的市场变革。

（6）网络边界模糊带来的安全挑战。随着云计算、SaaS和移动化的趋势越发明显，企业的网络架构正在发生深刻变化，传统的"以数据中心为中心"的模式正逐渐被"多中心、边界模糊"的新格局取代。这种网络边界的模糊给企业的安全防护带来了很大的挑战。企业需要更新自身的安全策略，借助一体化的安全防护体系来确保全方位的保护。

企业不论大小，同样会面临这样的压力。例如，腾讯在社交领域要面对新兴产品在企业办公社交等细分领域的冲击；游戏领域不仅要与国内众多游戏厂商竞争，还要面对国外知名游戏公司的挑战。

极越汽车作为百度和吉利联合打造的第二代造车新势力，面临着蔚来、小鹏等竞争对手的激烈竞争，市场份额难以提升，销量始终未能突破，最终走向经营危机。在研发和市场推广上的巨额投入未能及时转化为实际收益，资金回笼缓慢。随着新能源汽车市场竞争加剧，销售收入远未达到预期,进一步加剧了资金紧张状况,股东百度决定不再投入资金,导致资金链断裂。

阿里巴巴在电商领域面临拼多多等新兴电商平台的冲击,拼多多以低价、社交玩法等吸引了大量用户,抢占了部分市场份额;在云计算领域,要与华为云、腾讯云等竞争。因一些业务调整、企业管理等问题面临舆论的审视,如曾出现的"996"工作制度等问题引发社会广泛讨论。同时,随着互联网行业监管加强,企业需要在合规经营等方面投入更多精力和成本。

总的来说,互联网时代企业面临的外部挑战包括市场竞争加剧、用户需求变化快速、技术更新换代频繁、数据安全和隐私保护压力增大、跨行业竞争和颠覆性创新以及网络边界模糊带来的安全挑战等。企业需要不断适应这些挑战,加强技术创新和人才培养,优化业务流程和服务质量,才能在激烈的市场竞争中立于不败之地。

企业永恒不变的内核竞争力

企业面临外部的竞争压力在所难免,那些卓越的企业之所以能够顺应时代不断调整自己的步伐,多数源于企业拥有强大的内核竞争力。企业的核心竞争力,应该是企业所特有的、能够经得起时间考验的、具有延展性的、难以被竞争对手复制和模仿的能力。比如,创新求变的企业家精神和企业价值观是企业永恒不变的内核竞争力。

企业家精神的核心在于创新和冒险。企业家敢于挑战权威,勇于打破常规，以敏锐的洞察力捕捉市场机遇，从而在激烈的市场竞争中脱颖而出。这种创新和冒险精神能够推动企业不断尝试新技术、新产品和新市场，进而形成企业的核心竞争力。企业家懂得如何与他人合作，共同创造价值，同时不断追求卓越，提升产品质量和服务水平。这种合作与进取精神有助于企业建立稳定的合作关系，提升品牌形象和市场竞争力。企业家作为企业的领导者，其领导力和决策能力对企业的发展至关重要。优秀的企业家能够带领团队不断前进，做出正确的决策，有效应对各种风险和挑战。这种领导力和决策能力能够确保企业在复杂多变的市场环境中保持竞争优势。

企业价值观是企业文化的重要组成部分。它决定了企业的行为准则和道德规范，影响着员工的行为和态度。一个积极、健康的企业价值观能够塑造出良好的企业文化氛围，增强员工的归属感和凝聚力，从而提高企业的整体竞争力。企业价值观决定了企业的使命、愿景和核心价值观，进而影响了企业的战略选择和业务发展方向。一个明确、一致的企业价值观能够确保企业战略的一致性和连贯性，从而增强企业的市场竞争力。一个积极、正面的企业价值观能够赢得消费者的信任和认可，从而提高企业的品牌知名度和美誉度。这种品牌形象的提升有助于企业在市场中占据更有利的地位，吸引更多的消费者和合作伙伴。

除了以上这种隐性的竞争力之外，企业还有一些显性的竞争力，主要包括以下几个方面。

（1）创新能力。如苹果公司，通过持续的技术创新推出如 iPhone 等具有划时代意义的产品。它不断投入研发，将先进的芯片技术、面部识别技术等融入产品，从而引领智能手机行业的发展，使竞争对手难以模仿和超越。以亚马逊为例，开创了电子商务的全新模式。从最初的网上书店发展为全球最大的综合电商平台之一，还通过推出亚马逊云服务（AWS），开拓了云计算的商业版图，改变了企业的计算资源使用方式。

（2）品控能力。产品和服务质量永远是一个企业永恒的竞争力。德国汽车品牌宝马一直注重产品质量。从汽车的设计、零部件的选择到整车的装配，都有严格的质量管控体系。这种对质量的执着确保了每一辆宝马汽车都能达到较高的质量标准，赢得了消费者的长期信任。海底捞以其卓越的服务质量闻名。从顾客进门的热情接待，到用餐过程中的贴心服务，再到离开后的跟踪反馈，海底捞通过打造优质的服务体验，让顾客愿意再次光顾，形成了良好的品牌声誉。

（3）人才资源。无论过了多少个世纪，稀缺的永远是人才。一个卓越的企业往往是优秀人才的孵化和储备基地。谷歌以优厚的薪酬、良好的工作环境和富有挑战性的项目吸引全球顶尖人才。它为员工提供各种福利，如免费美食、健身设施等，还能让员工参与到如人工智能、自动驾驶等前沿领域的研究中，使企业拥有源源不断的智力支持。华为非常重视人才培养，通过内部培训体系帮助员工不断提升技能。同时，它为员工提供广阔的晋升空间和有竞争力的激励机制，让员工能够在企业中长期发展，为企业的持续发展提供动力。

（4）品牌价值塑造和忠诚度维护。好的品牌不是三两天建立起来的，既要有做优质品牌的初心，也要有让企业长青的决心。可口可乐通过百年的品牌经营，将自己的品牌形象与快乐、分享等积极情感联系在一起。其独特的配方和大规模的营销活动让品牌在全球消费者心中深深扎根，使消费者愿意为品牌溢价买单。耐克通过赞助顶级运动员、举办体育赛事等活动，强化品牌与体育精神的联系。消费者因为对耐克品牌所代表的运动、时尚理念的认同，而保持对品牌的忠诚度，不断购买其产品。

企业内在竞争力是企业在市场竞争中立于不败之地的核心力量，它源自企业家精神的引领与企业价值观的塑造。企业家以其独特的创新与冒险精神、合作与进取态度，以及卓越的领导力和决策能力，不断推动企业突破自我，探索未知，抓住市场机遇。同时，企业价值观作为企业文化的灵魂，通过塑造积极向上的工作氛围，引导企业战略方向，强化品牌形象，为企业的长远发展奠定坚实的基础。

现代企业的核心竞争力，是一个以知识、创新、人才、管理为关键资源或关键能力的组合，是能够使企业在一定时期内保持现实或潜在竞争优势、获得稳定超额利润的动态平衡系统。

企业内在竞争力的构建和提升，不仅依赖于技术和产品的不断创新，更在于企业家精神的持续发扬和企业价值观的深入人心。它使企业能够在复杂多变的市场环境中保持韧性，有效应对各种挑战，实现持续稳健的发展。因此，企业内在竞争力是企业成功的关键所在，也是企业在未来竞争中赢得优势的重要保障。

商业趋势的转变和发展

市场瞬息万变，商业发展趋势每年都在变。吴晓波在 2023 工厂年终秀中说，当下的中国正在经历康波周期的第三阶段：全球化多维突变，产业加速整合、消费 K 型分化、中低速发展，交叠进行。

商业趋势的转变和发展是一个动态且复杂的过程，它受到多种因素的影响，包括技术进步、消费者需求变化、全球化进程加速以及可持续发展理念的深入人心等。

追溯我国改革开放后的商业发展史，首先是赚差价的1.0时代。1980—2000年，中国消费市场供不应求，这个时期随便卖什么都可以赚钱，无论是棚子店、路边摊，很多暴发户诞生在赚差价的时代。

到了2000—2015年，人们开始注重品牌效应，只要是经营品牌的企业几乎都能赚钱。创名优品牌的企业涌现了很多，普通企业、小企业、不具备品牌效应的产品几乎没有市场。

2015—2020年，是电商崛起的时代，这个时候只要搭上电商平台多数都会赚钱，互联网企业更是赚得盆满钵满。电商干倒了大批实体店，京东、淘宝、拼多多这些老板都赶上了时代的红利。

2020年至今，是自媒体网红的时代，只要有料有看点，会喊会卖就能赚钱。所以，抖音、快手、微信视频号带红了一众自媒体人。很多企业也开始布局直播带货。

目前的商业已经进化到了5.0时代，虽然没有清晰可辨的商业形态，但AI成为主体，企业迈向数字化，依托互联网、大数据和人工智能等技术，将实现产业链、客户、经营模式以及产品营销等多方面的改变。

图3-2 商业趋势的转变

第一，是产业链的发展。随着商业的不断发展，市场需求日益多样化,这要求产业链不断延伸以满足消费者的多元化需求。例如,在商业零售行业中,产业链从上游的生产制造延伸到中游的采购、仓储、物流配送,再到下游的实体店铺、电子商务平台等销售环节。这种延伸不仅丰富了产业链的内容,还提高了产业链的运作效率。商业的发展还带动了产业链整体的升级。一方面,商业的繁荣促进了产业链各环节之间的协同合作,推动了产业链的整合和优化。另一方面,商业的创新也推动了产业链各环节的技术创新和商业模式创新,带动了整个产业链的升级和发展。例如,在商业智能化领域,随着大数据、人工智能等技术的兴起,商业智能产业链不断延伸和拓展,形成了包括企业信息化系统供应商、数据整合供应商、大数据管理系统供应商、垂直领域产品供应商、各场景解决方案供应商等在内的完整产业链。

以新能源汽车产业链为例,随着新能源汽车市场的快速发展,产业链不断延伸和拓展。上游环节包括电池、电机、电控等核心零部件的生产制造;中游环节涉及整车制造、组装等环节;下游环节则包括销售、售后服务等环节。新能源汽车市场的快速发展推动了产业链各环节的技术创新和升级,如电池技术的突破、整车制造技术的提升等。同时,新能源汽车产业链的发展也带动了相关产业的发展,如充电桩、电池回收等产业。

第二,商业以企业为中心到以客户为中心转变。企业需要将客户至上的理念贯穿于企业文化建设的全过程,让员工充分认识到客户的满意度是企业发展的根本保障。这有助于形成以客户为中心的企业文化氛围,提升员工的服务意识和质量。为了适应以客户为中心的经营模式,企业需要对组织结构进行调整。例如,建立以客户为中心的组织架构,如客户经理制、大客户管理团队等,以便更好地服务客户,满足其需求。企业需要优化业务流程,提高服务效率和质量。例如,通过引入先进的客户关系管理系统（CRM），实现客户信息的集中管理和分析，以便更好地了解客户需求和偏好；同时，通过优化售后服务流程，提高客户满意度和忠诚度。企业需要利用先进的技术手段，如大数据、人工智能等，深入了解客户需求和行为模式，制定个性化服务策略。例如，通过数据分析挖掘客户需求，提供定制化产品和服务；利用智能客服系统提高客户服务响应速度和质量。

以海尔集团为例，该集团基于数字化转型的共享服务场景迭代项目，以用户体验为中心，为用户提供业务办理的一站式场景服务。通过微服务架构升级，打破原有的部门墙和按业务域垂直运营的模式，从用户角度提炼应用场景，以场景组合服务、以服务整合流程、以流程驱动业务，打造了微服务的运营模式。这一转变不仅提升了用户体验和满意度，还助推了传统共享部门转型为智慧化生态共享平台，实现了以新技术驱动流程重塑的目标。

第三，经营规模化到集约深耕。许多企业从追求经营规模化向集约化深耕。如麦当劳，在早期通过不断开设新的门店实现规模扩张。它采用标准化的运营模式，从食品原材料的采购、加工制作流程到店面装修风格、员工服务规范等都有统一的标准。这种标准化使麦当劳能够快速复制店铺，从而占领全球市场。大规模的经营使麦当劳在采购环节拥有强大的议价能力，以降低原材料成本；同时，品牌知名度随着店铺数量的增加而不断提升，吸引更多的消费者。

在经营规模达到一定程度后，它开始注重集约深耕。在产品方面，麦当劳深入研究消费者的口味变化和健康需求，推出了更多的健康食品选项，如沙拉、鲜煮咖啡等，对产品进行精细化管理。在运营上，利用大数据分析每个店铺的经营数据，包括客流量、顾客消费习惯、高峰低谷时段等，优化店铺的人员配置、营业时间和促销活动。同时，麦当劳也加强了与供应商的深度合作，共同研发更符合可持续发展理念的包装材料和食材供应方式，提升整个产业链的效率和价值。

在科技领域，华为通过在全球范围内大规模建设基站、拓展通信设备市场实现经营规模化。它不断加大研发投入，开发出适应不同市场需求的通信产品，然后凭借自身的技术优势和高效的供应链体系，快速将产品推向全球市场。规模的扩大使得华为在通信行业的话语权不断增加，并且可以分摊研发成本，提高利润空间。

华为在实现规模经营后，也向集约深耕转变。在技术研发上，不再仅仅追求产品的广泛覆盖，而是聚焦于5G、芯片等核心技术领域进行深度钻研。例如，在5G技术方面，华为投入大量资源进行基础研究和应用开发，与全球的运营商和企业客户紧密合作，开展5G技术在工业互联网、智能交通、智慧城市等多个领域的深度应用探索。在客户服务方面，华为为不同行业的客户提供定制化的解决方案，深入了解客户的业务流程和需求痛点，帮助客户提升数字化转型的效率，通过深度服务提升客户的满意度和忠诚度。

这种从经营规模化到集约深耕的转变，是企业适应市场变化、提升核心竞争力、实现可持续发展的重要战略举措。

第四，产品从目标到需求转变。当企业转向需求导向时，会将重点放在深入了解消费者的需求上。这需要通过多种方式进行市场调研，如用户访谈、问卷调查、观察用户行为等。例如，一家互联网金融公司发现，年轻的上班族对于理财有强烈的需求，但他们既没有足够的时间去研究复杂的金融产品，也没有大量的资金投入传统的理财方式。基于这些需求，该公司开发了一款简单易用的手机理财应用，具有操作便捷、门槛低、收益可视化等特点，能够让年轻用户在碎片化时间内轻松理财。

需求导向的产品开发能够更好地满足消费者，从而提高产品的市场竞争力。以家居行业为例，一些家具制造商通过调研发现，消费者对家居空间的利用有个性化的需求，希望家具能够具备多功能性。于是，这些企业开发出了可折叠、可伸缩的家具产品，如能变成床的沙发、带有隐藏式储物功能的餐桌等。这种从消费者需求出发的产品，更容易获得消费者的认可和购买，进而提升企业的销售业绩和品牌形象。

商业趋势的转变和发展是一个复杂的动态过程。企业需要紧跟时代步伐，不断适应市场变化和技术进步带来的挑战和机遇。通过加强数字化转型、注重可持续发展、提供个性化和定制化服务、加强全球化进程以及推动跨界融合等措施，企业能够不断提升自身的竞争力，实现可持续发展。

商业模式与战略的关系

提到商业模式离不开企业战略，想要更好地使企业战略落地又不能考虑商业模式，那么，有人要问了，商业模式与战略是一回事吗？商业模式和战略在企业经营中虽然密切相关，但它们并不是一回事，而是具有不同的内涵和作用。

讨论战略往往具有一定的局限性，比如低成本战略、差异化战略等。但商业模式更加广泛，不同行业领域的企业往往可以共享相似的商业模式。例如，拼多多、今日头条和网飞，它们属于不同的行业，但商业模式相似。

商业模式和战略之间存在着关注点的差异。商业模式在阐明支持客户价值主张的逻辑时，其核心是以客户为中心的价值主张。战略则是围绕着竞争优势，商业战略的根本问题也就是建立竞争优势。所以，战略的关注点是在"竞争"，商业模式的关注点则是在"合作"。

以沃尔玛为例，商业模式和战略的主要区别如下：

当沃尔玛在1962年进入市场时，市场由凯马特、塔吉特等在位者把持。沃尔玛的商业战略则体现为其如何在竞争激烈的市场环境中获得优势地位。

目标市场选择：沃尔玛初期选择在农村和乡镇地区开店，避开竞争激烈的城市市场。

产品定位：提供低价、优质的商品，满足消费者对性价比的需求。

竞争策略：通过高效的供应链管理和大规模采购降低成本，从而在价格上获得竞争优势。

市场扩张策略：在巩固了农村和乡镇市场后，沃尔玛开始逐步向城市市场扩张，同时加强供应链和基础设施建设，提升整体运营效率。所以，沃尔玛的案例说明，商业模式关注的是企业如何赚钱，即企业的盈利逻辑和价值创造方式；而战略关注的是企业如何在市场竞争中获胜，即企业的竞争优势来源和实现路径。商业模式主要包括价值主张、客户群体、渠道、客户关系、收入来源、关键资源、关键活动、关键合作伙伴和成本结构等要素；而战略则包括目标市场的选择、产品定位、竞争策略、市场扩张策略等内容。

商业模式与战略除了有不同之处，二者相互依存、相互影响。

商业模式主要是描述企业如何创造价值、传递价值和获取价值的基本原理。例如，电商平台亚马逊的商业模式是通过建立一个线上的交易平台，连接卖家和买家。它为卖家提供销售渠道和物流配送服务（创造价值），让买家能够方便地选购全球商品（传递价值），并通过收取卖家的交易佣金、广告费用和会员费等方式来获取价值。

战略则是企业为了实现长期目标而进行的规划和决策。它包括确定企业的发展方向、竞争优势的构建以及资源的配置等。仍以亚马逊为例，其战略包含拓展业务领域，从图书销售拓展到全品类商品销售，再到云计算服务（AWS）、数字内容服务等多个领域，以实现规模经济和范围经济。同时，亚马逊采用低价策略和优质的客户服务来构建竞争优势，并且将大量资源投入到物流和技术研发中。

从联系的角度看：

商业模式是战略的基础，有效的战略规划需要基于对现有商业模式的清晰理解。企业要明确自己目前是如何盈利、为谁提供服务、通过何种渠道等关键要素，才能制定出符合实际情况的战略。如果企业的商业模式是基于提供高性价比的产品来获取价值，那么其战略可能会围绕着优化供应链、降低成本来展开。

战略引导商业模式的创新和调整，当企业制定新的战略目标，如进入新的市场或应对新的竞争威胁时，可能需要对商业模式进行创新或调整。例如，随着移动互联网的发展，许多传统零售企业的战略调整为线上线下融合（O2O），这就促使它们改变商业模式，建立线上商城、整合线下门店库存和服务，以适应新的战略需求。总之，商业模式和战略共同为企业的长期发展提供支撑，帮助企业在复杂多变的市场环境中取得成功。

第4章
战略创新的理论框架

战略管理的核心概念与理论背景

随着全球化和市场竞争的加剧,越来越多的企业开始意识到战略管理的重要性。企业的竞争,实质是企业战略管理能力的竞争。战略管理能力是企业获得持久竞争力的关键,决定了企业的兴衰成败。《从优秀到卓越》的作者吉姆·柯伦斯说过,有无战略已经不是衡量一家公司能否成功的依据——无论是优秀的公司还是平庸的公司都有战略,但战略的执行力如何却是区分它们的标志。

战略管理之要务在于帮助企业确立其根本使命和经营目标,并采用合适的战略去实现企业的经营目标,完成企业的使命。不同企业的具体使命与目标可能千差万别,但所有企业的战略管理都共享一个最终目标,那就是帮助企业不断取胜,在经营活动中创造和保持长期持久的竞争优势以及卓越优良的经营绩效。

所以,战略管理的核心概念就是战略执行力,也就是如何让战略落地。战略管理是一个多层次、综合性的管理过程,它关注组织如何制定、实施和评价其长期目标及达到这些目标的策略。战略管理不仅仅是对战略的规划,也包括了对战略的执行、监控和必要的调整。其核心在于确保组织的资源与外部环境的变化相匹配,以实现组织的持续竞争优势和长期发展。

战略管理的过程分为战略分析、战略制定、战略实施和战略评价。战略管理的过程可以是理性设计、有意图的，也可以是灵活多变、随机即兴的。

图4-1 战略管理核心

战略管理的关键要素包括以下几个方面。

环境分析：评估组织的外部环境（如市场趋势、竞争对手、技术进步等）和内部环境（如组织资源、能力、文化等），以确定组织的优势和劣势，以及面临的机会和威胁。

战略制定：基于环境分析的结果，制定组织的长期目标和实现这些目标的策略。这些策略可能涉及市场渗透、市场开发、产品开发或多元化等方向。

战略实施：将战略转化为具体的行动计划，包括资源配置、组织结构调整、流程优化等，以确保战略的有效执行。

战略评价：定期评估战略的执行效果，包括与组织目标的对比、市场反馈、财务指标等，以便及时发现问题并进行必要的调整。

例如，海尔集团作为全球大型家电品牌，其战略管理同样具有显著特点。海尔集团密切关注国内外家电市场的动态，包括消费者需求的变化、竞争对手的策略以及技术创新的趋势。针对国内家电市场的饱和和消费升级的趋势，海尔集团及时调整战略，加大中高端产品的研发和推广力度。

海尔集团制定的是以用户为中心、创新驱动、全球化布局的战略。它强调以用户需求为导向，通过持续的技术创新和产品研发，提供高品质、智能化的家电产品。同时，海尔集团还积极推进全球化战略，通过并购、合资等方式拓展海外市场，提升品牌国际影响力。在战略实施的过程中，海尔集团注重技术创新和人才培养。它建立了全球研发中心，汇聚了来自世界各地的顶尖人才，共同推动技术创新和产品升级。同时，海尔集团还通过数字化转型，提升生产效率和供应链管理能力，实现智能制造和智能服务。

海尔集团通过定期的市场调研、用户反馈和销售数据分析，评估战略执行效果。针对市场变化和用户需求的变化，海尔集团能够及时调整战略和产品策略，确保持续的市场竞争力。

海尔集团的战略管理案例表明，一个成功的战略管理需要密切关注市场动态和用户需求的变化，制定具有前瞻性和创新性的战略，并通过有效的实施和评估机制来确保战略的成功执行。同时，技术创新和人才培养也是战略管理不可或缺的重要支撑。

战略管理往往是发现企业存在问题，需要通过战略管理进行解决，才会有后续的战略制定和执行。在没有验证战略是否成功之前，可以用假想的过程对战略进行验证，具体操作可参考以下步骤。

第一步，提出企业存在的问题，构建至少两个没有重叠的解决方案以便比较和选择，这是战略制定的开端。

第二步，勾勒出不同的"战略可能性"，比如现有的资源优势、竞争优势，战略适用的范围和领域，需要进行的活动等。

第三步，列出战略成功的条件，可以邀请企业所有人员参与，列出所有必须满足的条件。然后开始头脑风暴，满足条件的有多少人支持，不支持的人能否提出更好的条件。这些条件包括产业分析、商业模式分析、竞争对手分析和顾客价值分析。

第四步，更加具体一些去接近实操。依然要集思广益，鼓励怀疑意见，列出影响成功的障碍，事前应对。不能视而不见，更不要企图躲避，只有真正把障碍列出来，才能找到应对的方法。

第五步，通过测试对战略进行检验，考察第四步的障碍是否能够被克服。最好是让那些提出障碍、持怀疑态度最多的人主持测试的设计，这样比较客观公正，也符合常理。

第六步，进行实际测试，以先难后易的顺序排列各种相关的测试，如果能把最难跨越的障碍解决，说明战略管理的实施是成功的。

第七步，根据测试结果做出最终的选择。有了上述系统的假说检验过程，最后的选择实际上是水到渠成。整个战略制定过程，是那些必须受命执行战略的人全程参与互动的过程，战略实施其实在战略制定的过程中已经开始。

一言以蔽之，战略管理的最终目的是要落到实处，有迹可循，能够使企业取胜。这种取胜既包括战胜对手，又包括实现既定目标，达到预期效果，或者成功地应对或击败某种威胁和障碍。长期而言，取胜是企业享有持久的竞争优势和卓越的经营绩效。

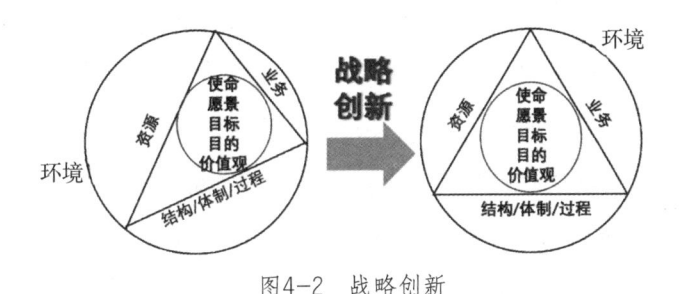

图4-2 战略创新

国家战略下的新兴产业

企业制定战略和进行战略管理均不能脱离大环境，要紧跟时代发展步伐，视国家发展大势而定。国家战略和大政方针往往是企业发展的风向标。

国家战略对企业战略的影响是深远且广泛的，这种影响体现在政策环境、行业发展、投资环境、市场竞争等多个方面。

政策方面，国家战略的制定和实施往往伴随着一系列政策措施的出台，这些政策直接或间接地影响着企业的经营和发展。例如，政府的经济政策、金融政策、财税政策、贸易政策等都会对企业的竞争优势、融资难易、税制成本、市场开拓等方面产生影响。当国家推行某项重大战略时，如"一带一路"倡议，企业可以抓住机遇，积极拓展相关业务，享受政策带来的红利。

行业方面，国家的行业发展规划和产业政策对企业战略具有直接的指导作用。行业政策的制定和实施有助于企业把握市场机遇、实现协同发展、形成竞争壁垒、规避风险等。例如，中国的新能源汽车产业发展政策加快了行业内知名企业的发展步伐，带动了新能源汽车配套产业的快速发展。企业可以根据国家产业政策的导向，调整自身的业务结构和产品结构，以适应市场需求的变化。

投资环境方面，国家战略的实施会改善或优化投资环境，吸引更多的国内外资本进入特定领域或地区。这为企业提供了更多的投资机会和融资渠道。同时，国家对于外商投资的鼓励或限制政策也会影响企业的市场出口和投资布局。企业需要根据国家战略的方向和重点，合理规划自身的投资战略，以实现可持续发展。

市场竞争方面，国家战略的实施会加剧市场竞争，促使企业不断提升自身的核心竞争力和市场适应能力。在国际竞争中，不同国家营造的法规环境、投融资环境、知识产权保护等都会对企业产生巨大的影响。企业需要密切关注国家战略的实施动态，及时调整自身的市场战略和竞争策略，以应对日益激烈的市场竞争。

比如，国家大力推进现代化产业体系建设，加快发展新质生产力。具体措施如下。

（1）加大战略性新兴产业投资。战略方向是提升传统产业在全球产业分工中的地位和竞争力，加快新能源、新材料、高端装备、生物医药及高端医疗装备、人工智能、生物制造、绿色低碳、量子计算等前沿技术的研发和应用推广。例如，浦东新区在集成电路、生物医药、人工智能等领域的快速发展，以及国家新兴产业创业投资引导基金参股子基金、带动募资支持初创期和早中期企业等举措，都是加大战略性新兴产业投资的具体体现。

（2）加快传统产业的数字化、绿色化改造。战略方向是运用数字化、绿色化技术对传统产业进行改造，实现传统产业转型升级。例如，衢州市柯城区启动村播计划，创新实施"孵、服、扶、辅、富"5F模式，探索出一条数字赋能促乡村共富的新路径。这一案例展示了传统产业数字化改造的成效，通过电商直播等方式推动农民增收、企业增效、集体增富。

（3）继续扩大新型基础设施建设。战略方向是新型基础设施包括信息基础设施、融合基础设施和创新基础设施三大类，加快建设这些基础设施有助于改变人类生产方式和生活方式。例如，浦东新区在推进新型基础设施建设方面取得了显著成效，包括建设国际一流科学城实施方案、磁－惯性约束聚变能源系统等大科学设施，以及加快高质量孵化器、专业化孵化器等载体建设等。

（4）深化科技体制改革，激发创新能力。战略方向是通过深化科技体制改革，激发企业、科研机构和大学的创新能力，调动科技研发人员的积极性。例如，国家在实施重大科技项目、完善新型举国体制、发挥政府在关键核心技术攻关中的组织作用等方面取得了进展。同时，各地也在积极推动科技创新，如浦东新区在全面落实加快建设国际一流科学城实施方案中，注重创新密度提升和优质人才引育等。例如，不少地区开始以数字下乡、电商进村等方式，推动乡村产业数字化变革，建立了村播学院、村播中心，为农民直播电商从业者提供创业就业平台，实现了农民增收、企业增效、集体增富的共赢局面。浙江义乌李祖村通过引人才、育创客、融文化等方式，全面点燃乡村振兴新引擎。吸引了众多年轻农创客入驻，带动了文旅创业项目的发展。实现了创客产业年销售额的大幅增长和村民人均可支配收入的显著提升。

企业战略必须顺应国家战略，这不仅有助于企业在国家宏观政策的指导下实现稳健发展，还能提升企业的竞争力和市场地位。

国家战略往往伴随着一系列政策措施的出台，这些政策旨在推动特定产业的发展和升级。企业战略顺应国家战略，可以更容易地获得政策支持和优惠，如财政补贴、税收优惠、融资便利等。例如，在新能源汽车产业领域，国家战略明确支持新能源汽车的研发和推广，企业若顺应这一战略，加大在新能源汽车领域的投入，将更容易获得政府的支持和市场的认可。国家战略的实施往往伴随着市场的变化和机遇的涌现。企业战略顺应国家战略，可以及时发现并抓住这些市场机遇，实现业务的拓展和升级。企业战略顺应国家战略，可以更好地利用国家提供的资源和平台，实现资源的优化配置和高效利用。例如，在科技创新领域，国家战略鼓励企业加大研发投入，提升自主创新能力。企业若顺应这一战略，加大在科技创新方面的投入，将能够提升自身的技术水平和创新能力。

企业战略顺应国家战略，可以及时了解市场动态和政策变化，提前作出风险预警和应对措施。例如，在国际贸易环境日益复杂多变的背景下，国家战略鼓励企业加强国际合作，拓展多元化市场。企业若顺应这一战略，积极寻求国际合作机会，将能够降低对单一市场的依赖，降低贸易风险。

规模型企业战略管理主要内容

规模型企业，又称规模以上企业，它是一个统计学名词，通常指的是经济指标（如年主营业务收入、年销售额或年营业收入等）达到一定水平的企业。工业企业一般主营收入达到 2 000 万元以上，建筑业企业年营业收入达 3 亿元以上，批发类企业年商品销售额达到 2 000 万元以上，零售企业年销售额达到 500 万元等，这样的企业都可以算入规模型企业的范畴。

规模型企业还包括规模工业企业和规模商业企业。规模工业企业包括所有轻重工业，采掘、加工、制造类的所有企业，以及部分私营企业。规模商业企业包括餐饮服务销售娱乐业的所有国有企业和部分非国有商业企业。

被认定为规模型企业，意味着企业在该行业内具有一定的规模和影响力，有助于提升企业的形象和竞争力。同时，规模型企业可以享受到更多的政策支持和优惠，如税收优惠、融资便利等，从而有利于企业的进一步发展。

以"胖东来"这样的规模型企业为例，战略主要围绕"以人为本，传播爱与幸福"的核心理念，通过市场调研、产品创新、人才战略等方面的努力，打造独特品牌形象，并引领行业变革。其战略特点如下：

（1）市场调查与战略决策。在战略实施之前市场调查是非常必要的，企业通过与行业领先企业的合作，开展市场研究和数据分析，深入了解目标市场的特点，为企业提供了重要的参考。同时，胖东来注重对竞争对手的分析和评估，以制定出更具竞争力的战略。

（2）品牌建设与产品创新。胖东来以产品创新为核心驱动力，不断研发和改进，推出更符合市场和消费者需求的产品。在品牌建设方面，注重塑造独特的品牌形象，通过品牌宣传和市场推广，提升品牌知名度和信誉度。

（3）重视人才战略和组织架构优化。胖东来对员工的福利和培训机制，吸引了一批高素质的员工加入。在组织架构上，采取扁平化管理和团队协作的方式，鼓励员工发挥创造力，激发团队的凝聚力和创新能力。胖东来提出"只有员工幸福，顾客才会幸福"的经营哲学。对员工采取高福利政策，如高工资、长假期、丰厚的年终奖金等。员工感受到了企业的爱与尊重，才能更好地服务顾客，从而带来了顾客的忠诚度和满意度。

（4）战略源头。胖东来的战略源头在于创造个人经历和价值观。于东来在创业初期经历了失败和挫折，这些经历使他深刻地认识到诚信和真心对待顾客和员工的重要性。他的经营哲学和对失败的反思，成为胖东来战略形成的基石。

对于规模型企业的战略管理，可以采用麦肯锡七步方法论来执行，具体内容如下：第一步：定义问题。清晰阐述问题的背景、现状和期望达到的目标，明确问题的边界和关键要素，区分问题的表象与本质。包括目的、范围、要素、具体、量化、时限、标准、行动。确保问题描述得具体、不笼统，且具有行动导向。明确要解决的问题是什么，以及问题的来源和背景，从而界定一个完整的问题。

第二步：分解问题。运用逻辑树等工具，将复杂问题分解为相互独立、完全穷尽的子问题，从不同维度和层次对问题进行剖析，以便更深入地理解问题结构。找到影响或构成问题的关键要素，尽量全面、细致地分析问题。

第三步：根据问题的重要性、紧迫性和解决难度等因素，对分解后的子问题进行排序，确定优先解决的问题，集中资源和精力处理关键问题。根据问题的重要性和紧迫性排序，可能采用二八法则（即80/20法则）或矩阵分析来分配资源。合理分配有限的资源，优先解决最重要、最紧迫的问题。

第四步：议题分析。针对优先解决的问题，制订详细的分析计划，明确所需的数据和信息，选择合适的分析方法和工具，如建立模型、进行数据挖掘等，为问题解决提供依据。

第五步：关键分析。按照分析计划，收集和整理相关数据与信息，运用选定的分析方法进行深入分析，挖掘数据背后的规律和趋势，找出问题的关键驱动因素和潜在解决方案。收集并分析数据以支持决策过程。团队讨论和头脑风暴，综合各方意见和专业知识。以假设和最终产品为导向，不要只拘泥于数字。经常反复地进行假设和数据分析，不要绕圈子。尽可能地简化分析，不轻言使用大的线性计划之类的工具。深入研究关键要素与问题之间的关系，为制定解决方案提供有力的证据和支持。

第六步：归纳建议。对分析结果进行总结和归纳，将复杂的分析结论提炼成简洁明了、具有可操作性的建议，确保建议与问题的目标和背景紧密相连，能够切实解决问题。将建议以清晰、易懂的方式呈现给相关利益者，运用图表、故事等方式进行有效的沟通，确保信息准确传达，获得各方的理解和支持，推动建议的实施。

第七步：综合解决方案。整合分析结果，形成综合性的解决方案。向决策者阐述方案，并确保其可执行性。执行方案，并监控进度，根据实际情况调整优化。准备故事图解，画出所持论点的完整结构，以图表上方的信息文字串联成一个既合乎逻辑又具说服力的故事。将分析结果转化为具体的解决方案，并说服决策者采取行动。同时，监控方案的执行情况，确保问题得到有效解决。

企业战略管理工具的运用

企业战略管理的工具是企业在制定、实施和评估战略过程中所使用的各种方法和手段。这些工具旨在帮助管理者更好地理解企业内外部环境，制定明确的战略目标和计划，并监控战略的执行情况。

战略管理工具分为宏观环境的分析工具和微观环境的分析工具，具体有哪些呢？我们一一来看。

（1）外部宏观环境分析工具。

PEST分析：通过考察政治（Political）、经济（Economic）、社会（Social）和技术（Technological）这四个方面的因素，评估它们对企业战略的影响。通过这四个方面的分析，可以全面了解企业所面临的外部状况。

政治因素，政府的产业政策、税收政策、贸易政策等会直接影响企业的经营成本和市场机会。政治稳定的环境有利于企业进行长期规划和投资，而政治动荡可能带来不确定性和风险。国际的政治关系、贸易协定等会影响企业的进出口业务和国际市场拓展。

经济因素包括，经济增长速度影响市场需求的总体规模和企业的销售业绩，在经济繁荣期，消费者购买力强，企业销售增长；经济衰退期时则相反。利率的高低影响企业的融资成本和投资决策，汇率波动会影响企业的进出口成本和国际竞争力。适度通货膨胀对企业有一定积极影响，但过高的通货膨胀会导致原材料成本上升、消费者购买力下降等问题。

社会因素包括人口的年龄、性别、职业等结构变化会影响市场需求结构，如老龄化社会会增加对医疗保健、养老服务等产品和服务的需求；不同地区的文化传统、价值观和生活方式等文化因素，也会影响消费者的消费习惯和偏好，企业产品设计、品牌传播等需与之适应。如健康意识增强、环保理念普及等社会趋势，促使企业开发更健康、环保的产品和服务。

技术因素，新技术的出现和应用可能创造出新的市场和商业模式，也可能使企业现有的技术和产品过时，如互联网技术催生电商行业，冲击传统零售。政府对技术研发的投入、对新兴技术的监管政策等，影响企业的技术创新环境和发展空间。新技术的普及速度影响企业的市场推广和应用成本，如 5G 技术的快速普及为相关产业带来新机遇。

波特五力竞争模型：有效地分析了客户当下的产业竞争环境，进而帮助选择成本领先、聚焦、差异化三大战略对策。它通过分析潜在进入者、替代品、供方砍价能力、产业竞争对手以及买方砍价能力这五个方面的力量，来评估一个行业的竞争态势。

SPACE 矩阵：又称战略地位与行动评价矩阵，用于分析企业外部环境及企业应该采用的战略组合。它通过将企业的外部环境和内部条件进行量化评估，帮助企业确定其战略地位，并据此选择适当的战略模式。

GE 矩阵：又称麦肯锡矩阵或行业吸引力矩阵，是美国通用电气公司开发的一种投资组合分析战略规划方法。它通过对不同业务单元进行评估，帮助企业进行业务选择和定位。

标杆分析法：又称基准化分析法，通过将本企业各项活动与从事该项活动最佳者进行比较，从而提出行动方法，以弥补自身的不足。这种方法有助于企业发现自身与行业领先者的差距，并制订赶超计划。

（2）企业微观环境的分析工具。

3C 战略分析：由大前研一提出，在制定任何经营战略时，只有将公司、顾客与竞争者三个关键因素整合在同一个战略内，可持续的竞争优势才有存在的可能。

价值链分析：把企业活动分为基本活动和支持性活动，企业并不是每个环节都创造价值，要保持竞争优势，实际上就是在价值链某些特定环节具备战略优势。这种方法有助于企业了解自己在价值链中的位置，以及如何通过优化价值链来创造价值。

（3）企业绩效指标的分析方法。

平衡计分卡：从财务、客户、内部运营、学习与成长四个角度，将组织的战略落实为可操作的衡量指标和目标值的一种新型绩效管理体系。这种方法有助于企业全面评估绩效，确保战略目标的实现。

（4）企业产品的分析工具。

波士顿矩阵：又称市场增长率相对市场份额矩阵，基于波士顿经验曲线的结论，即每当积累的经验翻一番，增值成本就会下降20%~30%。它通过分析产品的市场增长率和相对市场份额，帮助企业制定产品策略。

风险报酬图：广泛用于项目管理或科技研发管理中，用于定义不同项目的风险和回报，对于跨部门比较与整体绩效追踪也扮演宏观计分板作用。

安索夫矩阵：也称市场选择矩阵，以产品和市场作为两大基本面向，区别出四种产品/市场组合和相对应的营销策略，是应用最广泛的营销分析工具之一。

霍夫矩阵：又称产品市场演变矩阵，反映了企业所经营产品的生命周期状态，因此它不仅反映出经营业务目前的战略位置，而且还预示着未来。

（5）其他战略管理工具。

SWOT分析：一种常用的战略管理工具，通过评估企业的优势、劣势、机会和威胁，帮助企业制定战略决策。

战略树：由麦当劳全球战略主管马茨·莱德豪森提出，用于分析企业的根本目的、业务界定、目标客户和销售主张等，以构建企业的战略框架。

5S管理：源于日本，是指在生产现场中对人员、机器、材料、方法等生产要素进行有效的管理，以提高生产效率和质量。这种方法也可以扩展到企业的其他领域，如办公室管理、项目管理等。

6S大脚印法：由海尔在5S管理的基础上发展而来，增加了安全（Safe）这一要素，形成了独特的"6S大脚印"管理法。这种方法强调安全的重要性，并鼓励员工积极参与现场管理。

企业战略管理的工具多种多样，每种工具都有其特定的应用场景和优势。企业在制定和执行战略时，应根据自身情况选择合适的工具和方法，以确保战略的有效性和成功实施。

表4-1　企业常用战略工具

工具名称	定义	应用场景	优势	局限性
SWOT分析	基于内外部竞争环境和竞争条件下的态势分析，将与研究对象密切相关的各种主要内部优势、劣势和外部的机会与威胁等，通过调查列举出来，并依照矩阵形式排列，然后用系统分析的思想，把各种因素相互匹配起来加以分析，从中得出一系列具有一定决策性的结论	用于企业制定战略规划、市场定位、产品决策等场景。比如在推出新产品前分析企业自身的优势与劣势，以及市场机会与威胁	能够清晰直观地展示企业内外部环境状况，帮助企业快速明确战略方向，促进团队对企业现状与未来发展的共识	主观性较强，依赖分析者对信息的收集与判断准确性；对于复杂多变的环境，可能无法全面及时反映新情况
PEST分析	从政治（Political）、经济（Economic）、社会（Social）和技术（Technological）四个方面，对企业所处宏观环境进行分析	适用于企业进入新市场、制定长期战略规划等场景。例如在开拓国际市场前分析目标国家宏观环境	帮助企业宏观把握外部环境，洞察潜在机会与风险，为战略决策提供宏观层面依据	缺乏对行业中观和企业微观层面的深入分析，对具体战略实施细节指导有限
波特五力模型	用于分析行业竞争态势，五种力量分别为现有竞争者的威胁、潜在竞争者进入的威胁、替代品的威胁、供应商的议价能力、购买者的议价能力	适用于企业进行行业竞争格局分析、制定竞争战略。如企业判断所在行业竞争激烈程度以及自身竞争地位	清晰展现行业竞争结构，帮助企业明确竞争关键因素，制定针对性竞争策略	假设条件相对静态，难以准确反映快速变化的市场动态和新竞争模式；对宏观环境因素考虑较少

续表

工具名称	定义	应用场景	优势	局限性
波士顿矩阵	根据市场增长率和相对市场份额，将企业业务分为明星业务、现金牛业务、问题业务和瘦狗业务四类，并针对不同类型业务提出相应战略	适用于企业业务组合管理、资源分配决策。如企业决定资源向哪类业务倾斜	直观呈现企业业务组合状况，便于企业合理分配资源，实现业务的平衡发展	市场增长率和相对市场份额的划分标准存在主观性；未考虑业务之间的协同效应等复杂关系
平衡计分卡	从财务、客户、内部运营、学习与成长四个维度，将企业战略目标转化为可衡量的指标和目标值，并通过一系列行动方案来实现这些目标	用于企业战略目标分解、绩效管理、战略执行监控。由企业推动战略落地，确保各部门行动与战略一致	使企业战略目标清晰可衡量，促进各部门协同工作，全面提升企业绩效	指标体系构建复杂，需要投入大量时间和精力；部分指标数据获取难度较大

蓝海战略与红海战略的对比

企业战略的选择要看制定市场，红海市场和蓝海市场需要的战略各有不同。红海战略指的是在已经存在的市场内竞争，争夺现有需求。它通常涉及在价格或推销方面进行降价竞争，以争取市场份额和效率。在红海中，产业的界限是已知且被接受的，竞争规则也相对熟悉，但竞争程度不断加剧。企业常采用差异化或低成本战略，在价值和成本之间进行权衡取舍。

例如，羽绒服市场竞争激烈，2021年已成为红海，价格战盛行，高梵虽已在行业深耕17年，但利润不升反降，战略转型迫在眉睫。高梵开始实施战略变革，通过精准的市场定位，选择聚焦2000元以上高端鹅绒服市场，同时打造爆品战略，将全部资源和精力聚焦于一款产品，打磨到极致。2021—2022年，其打造的产品3天卖光库存；2023年成为中国首个登陆巴黎时装周官方事件的中国鹅绒服品牌，实现3年登顶高端鹅绒服销量第一、好评第一、复购第一。

食品饮料市场品类众多，竞争激烈，是典型的红海市场，各类品牌在产品、价格、渠道等方面展开激烈竞争。达利园采取的战略举措是跟随模仿策略，针对市场上的热门产品进行模仿创新，推出类似产品，并凭借大规模生产和广泛的销售渠道，实现低成本运营。从2012年到2021年的9年间，营业额持续翻番，在休闲食品领域占据了较大的市场份额，成为行业内的知名品牌。

蓝海战略则要求企业跳出传统市场空间，开辟新市场，建立新竞争力。它将核心关注点转向买方需求，跨越现有竞争边界，将不同市场的买方价值元素筛选并重新排序，从而挑战基于竞争的价值和成本的权衡取舍关系。蓝海战略通过创新产品和服务，使顾客和企业的价值都出现飞跃，开辟新的、非竞争性的市场空间。可以说，蓝海是一种没有恶性竞争、充满利润诱惑的新兴市场，是一种避免激烈竞争、追求创新的商业战略。

实施蓝海战略的企业往往都是创新型企业。

特斯拉技术创新专注于电动汽车技术研发，电池技术和自动驾驶技术处于领先水平，长续航里程解决用户里程焦虑，自动驾驶功能提升驾驶安全性和便利性。特斯拉定位高端电动汽车市场，Model S、Model 3等车型以高性能、智能化和时尚外观吸引消费者，打破电动汽车廉价、性能差的固有印象。商业模式采用直销模式，绕过经销商，直接与消费者沟通销售，通过OTA空中升级技术为车辆不断增加新功能和优化性能，提升用户体验和车辆价值。

奈飞（Netflix）的服务创新表现在提供在线流媒体服务，用户可按需订阅，不限次数观看海量影视内容，打破传统电视和影碟租赁模式。在内容创作方面投入大量资源制作原创内容，如《纸牌屋》《怪奇物语》等，以高品质、多样化内容吸引全球用户，打造独特竞争优势。界面简洁易用，通过算法为用户提供个性化推荐，还支持多设备同步观看和离线下载，满足用户不同场景需求。

分众传媒市场定位聚焦于写字楼、商场、社区等场所的电梯广告市场，将广告精准投放给特定人群，满足广告主精准营销需求。采用的商业模式是通过在电梯间安装液晶电视或海报框架，播放广告内容，以"无聊经济"吸引受众注意力，使"拒绝型的非顾客"变成广告受众。战略的结果使企业迅速扩张，占领大量商业楼宇和社区资源，形成规模优势，提高行业竞争门槛，再通过并购进一步巩固市场地位。

从以上案例分析可以看出，在红海中，产业边界是明晰和确定的，竞争规则是已知的，竞争是永恒的主题。而在蓝海中，竞争并不激烈，因为行业的竞争规则还没有形成，价值创新是蓝海战略的基础。二者的区别在于，红海战略主动参与竞争，而蓝海则规避正面竞争，可以另辟蹊径。

当然，我们要明白，没有任何一个市场是永远的蓝海，因为蓝海市场最终也会演变成红海市场。企业需要根据自己的业务和现状来综合考虑是要在红海中竞争还是要在蓝海中创新。

动态能力观与持续竞争优势的构建

企业想要拥有持续的竞争力,需要有动态能力观也要有持续竞争优势。企业的动态能力观是一种战略管理理念,它强调企业在面对快速变化的市场环境时,需要具备灵活适应、不断创新的能力。

动态能力指的是企业有目的地创造、拓展、变更它的资源基础的能力,即企业整合、创建、重构企业内外资源,从而在变化多端的外部环境中不断寻求和利用机会的能力。它是企业重新构建、调配和使用企业核心竞争力从而使企业能够有与时俱进的能力。

动态能力本身并不直接铸就竞争优势,而是作为一种战略杠杆,通过精细地调整和优化企业的资源组合及内部管理,进而间接地促使基础能力发生变革,这些变革才是最终影响并塑造企业竞争优势的关键因素。

动态能力包括感知机会与威胁的能力、抓住机会的能力以及在必要时重构企业资源与能力的能力。

组织与管理过程,涉及协调与整合、学习、重构与转变三个关键维度。协调与整合是指对企业内外部资源和活动进行有效调配;学习包括个体和组织层面的知识获取与共享;重构与转变则是根据环境变化调整企业的资源和能力结构。企业在特定时间点所拥有的资源和技术等的集合,如独特的技术专利、品牌资产、客户关系等,是动态能力发挥作用的基础。企业的发展轨迹和历史经验,影响着企业对未来方向的选择和动态能力的形成，例如企业过去在某一技术领域的研发路径，会影响其后续在相关技术创新方面的能力。

例如，腾讯从早期的QQ即时通信工具，到抓住移动互联网发展机遇推出微信，再到布局游戏、金融科技、数字内容等多个领域，始终能及时发现和把握市场机会。腾讯具备跨界发展能力，业务涵盖社交、游戏、金融、教育、娱乐等多个领域，通过跨界整合资源，实现多元化发展，打造出庞大的生态体系。利用大数据和人工智能技术，深度分析用户行为和市场趋势，为决策提供依据，精准推送内容和服务，提升用户体验和运营效率。

华为在全球范围内建立研发中心、生产基地和销售网络，实现资源的优化配置和业务的全球化拓展，如在5G通信领域，华为的设备和技术已广泛应用于全球多个国家和地区。同时拥有技术创新能力，在通信、网络和芯片等领域持续投入研发，拥有大量的专利技术和世界领先的产品，如麒麟芯片、5G基站设备等，不断提升自身的核心竞争力。并且注重与当地文化的融合，尊重各国法规和习俗，雇用当地员工，积极参与当地社会公益活动，实现了与当地社会的和谐共处，推动了业务的顺利开展。

企业的动态能力观是一种重要的战略管理理念，它强调企业在面对快速变化的市场环境时需要具备灵活适应和不断创新的能力。通过建立快速响应机制、推进自主创新、加强员工培训和激励等方式，企业可以不断提升自身的动态能力，从而实现持续发展。优秀的企业想要取得成功，必须持续地满足快速变化环境的需求。企业管理者应感知到行业和环境中所发生的相应变化。

动态能力需要刻意进化，刻意练习。动态能力是穿越周期的通用规则和规律，而不仅仅适用于数字化转型。每一次的转型，其逻辑和游戏规则都是类似的，只不过从工业型企业到数字化企业转型属于较大的范式转移。本书以数字化转型为例展开叙事，剖析动态能力与转型的规律。基于动态能力的战略目标是不断创造新优势，因为在瞬息万变、不可预测的环境下，所有的竞争优势都是短暂的，若固守原有的优势，将导致更大的灾难。只有认真地、不断地、出其不意地打破现有平衡，快速响应机会和企业内外资源的重构，形成一系列暂时的、不相容的新优势，才能保证企业持续的竞争优势。因此，动态能力战略实际上是一个创新战略。

第5章
商业模式和战略创新路径

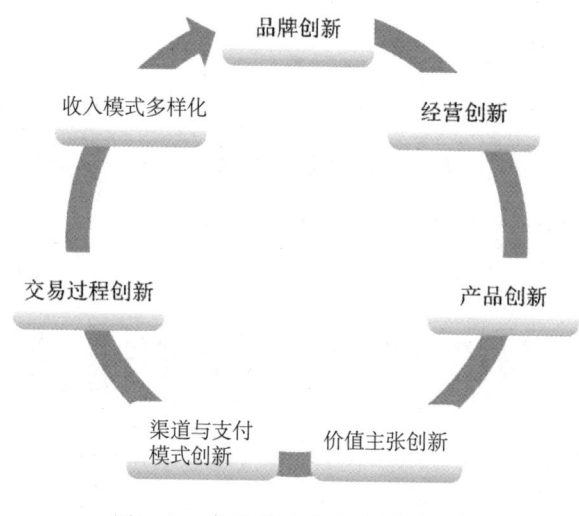

图5-1　商业模式和战略创新路径

品牌创新：从低端向高端转型

有营销专家说："在这个瞬息万变的数字时代，任何拒绝创新的品牌都会消亡。"商业模式的创新，最基本的应该是品牌创新。品牌创新是指企业对现有品牌进行改进和升级，以适应市场的需求和变化，并促进品牌的发展和壮大。它涉及多个方面，旨在提高品牌的竞争力和市场占有率。

例如，比亚迪在电池技术上多年积淀，推出磷酸铁锂电池、"刀片电池"等技术，在新能源汽车关键领域崛起，以自主研发技术为核心走出创新路线。早期以中低端车型为主，后推出比亚迪汉、比亚迪唐等高端车型，在设计和技术上大幅提升，强调品牌价值和质量保障，成功进入中高端市场。抓住"国潮"趋势，用"海豚""海豹"等具有中国元素的命名诠释新能源汽车，通过广告和宣传片传递积极生活态度，将产品与消费者情感进行联结，提升品牌形象。

在激烈的市场竞争中，品牌创新有助于企业脱颖而出，吸引更多消费者，从而提高市场占有率。通过创新，企业可以塑造独特的品牌形象，增强消费者对品牌的认知和信任度。品牌创新能够激发企业的创新潜力，推动企业不断升级产品和服务，以适应市场的变化和需求。

品牌创新是企业在市场竞争中不断求生存、求发展的需要，是企业提高市场竞争力的必经之路。以下是一些进行品牌创新的关键步骤和策略：

（1）明确创新目标。企业需要明确品牌创新的目标，这通常与提高品牌知名度、增强品牌影响力、提升市场份额或满足消费者新需求等相关。明确的目标有助于指导整个创新过程，确保各项策略和活动都围绕这一目标展开。

（2）分析市场和消费者。品牌创新是为了迎合市场和消费者，所以创新之前需要进行深入的市场研究，了解目标市场的规模、增长趋势、消费者需求和偏好。这有助于企业发现市场机会和潜在需求，为品牌创新提供方向。通过问卷调查、社交媒体分析、消费者访谈等方式，深入了解消费者的需求、期望和痛点。这有助于企业精准定位品牌创新的方向，确保创新成果能够切实满足消费者的需求。根据市场和消费者分析的结果，企业需要制定具体的创新策略。

（3）实施创新计划。在制定好创新策略后，企业需要制订详细的实施计划，包括时间表、资源分配、人员分工等。同时，企业需要建立有效的监控和评估机制，以确保创新计划的顺利执行和及时调整。

（4）品牌创新是一个持续的过程，企业需要不断优化和创新，以适应市场的变化和消费者的新需求。这包括定期评估创新成果、收集消费者反馈,以及根据市场趋势和竞争对手的动态进行调整和改进。

例如,小米在坚持性价比的基础上,推出小米10、小米11等高端旗舰机型,采用顶级硬件配置,如高像素相机、高刷新率屏幕、高性能处理器等,提升产品品质和性能。通过与徕卡等知名品牌合作,提升品牌的专业形象和高端属性。还积极拓展海外高端市场,在欧洲、东南亚等地区推出高端产品,提升品牌的国际影响力。打造小米生态链,涵盖智能手机、智能家居、智能穿戴等多个领域,通过设备之间的互联互通,为用户提供更便捷、智能的生活体验,提升品牌附加值。

如今品牌越来越多,普通的产品越来越难产生差异化,价格战时常发生,所以现如今的消费市场,品牌高端化是必然的。

品牌创新需要迎合市场需求进行升级,消费降级的当下,品牌需要从低端向高端升级。举个简单的例子,消费者消费欲下降,品牌要让消费行为没有"愧疚感";在消费者更加理性和节约的情况下,品牌创新需要让消费行为拥有"必须感";消费者变得更加谨慎和挑剔,品牌创新需要让消费者觉得消费行为有"成就感";消费者追求社交体验,品牌创新需要让消费行为拥有"交际感";消费者倾向于享受消费感觉,品牌创新需要让消费行为拥有"体验感"。

当然,品牌从低端向高端升级并不意味着价格的高端,而是说我们的品牌要真正做到物有所值,物超所值,让用户愿意下单,而不只是比拼低价。在实际创新过程中,不少企业很容易把高端品牌和奢侈品牌画上等号,这其实不对。无论是高端品牌的打造,还是大众品牌的打造,都需要人文的素养和价值的回归,而不是提升价格。近年来,中国文化与现代化的融合催生了新国潮风,这股力量正在高端品牌形成中扮演重要角色。从节日影响力到审美风格,从文化故事到色彩学价值,中国品牌正在通过多维度的产品设计和品牌故事,建立起差异化的高端形象,就是一种最直接的低端向高端过渡。所以,品牌创新低端升级高端,用最通俗的话讲就是:高端品牌不仅产品超好,还能让人去显摆,低端品牌卖价格,高端品牌卖价值。

经营创新:从产品向服务转型

随着市场竞争的日益激烈,传统的产品创新已经逐渐失去了竞争优势。相似产品的增加让消费者难以辨别不同产品之间的差异,从而导致价格竞争的加剧,利润空间被不断压缩。消费者对于产品和服务的需求日益多样化和个性化。他们不仅关注产品的性能和功能,还注重服务的质量和体验。通过提供卓越的服务体验,企业能够与竞争对手明显区别开来,建立起独特的竞争优势。服务创新的核心在于个性化和定制化,这有助于满足消费者的个性化需求,提升他们的满意度和忠诚度。

经营创新是企业持续发展的重要驱动力,从产品向服务转型是当前许多企业面临的重要课题。这种转型不仅有助于企业提升竞争力,还能更好地满足消费者日益多样化和个性化的需求。

服务创新是增强服务能力、合理调配资源的有效举措。服务创新,能够优化顾客服务体验、增强吸引力。

好的服务是对人的需求给予恰到好处的满足。人们的需求不断升级,对各种服务提出了更高的要求。服务创新应聚焦服务短板,针对顾客迫切需要的环节,提高服务保障水平。除了用在技术层面的创新满足顾客的硬性需求，还应重视用服务形式的创新满足顾客的软性需求，把创新做到点子上，做到人心里。

例如，随着现制奶茶流行，速溶奶茶逐渐被认为不够时尚甚至"过时"，消费者口味升级让香飘飘传统业务显现疲态。于是，香飘飘推出轻乳茶系列产品，采用低糖低脂配方，强调"真茶真奶"，创新"一杯两泡"模式；启动品牌年轻化战略，邀请明星与网红代言，进行视觉年轻化包装设计，开展社交话题营销，满足了消费者对健康与品质的双重需求，重新定义了"冲泡茶饮"市场定位，成为新茶饮 4.0 时代领跑者。

无论我们的服务营销模式以何种形式呈现，本质上都是一个不断靠近消费者的方向、为消费者提供价值创新的过程。在当今竞争激烈的市场环境中，仅仅依靠产品本身的优势已经难以取得竞争优势。相反，通过提供卓越的服务，企业能够建立独特的品牌形象，赢得客户的信任和忠诚度。因此，"别卖产品，卖服务"已经成了现代经营创新的重要理念。

用户的需求层出不穷、千差万别。各种需求催逼着企业必须想着服务创新，那样才能满足和符合消费者的需求。换句话说，任何一种产品或服务的创新，能否成功或者说是否有市场，关键取决于是否切合用户和消费者的需求，以及这种需求的市场容量。服务创新，就是洞察用户和消费者的潜在需求，对于公司的创新和发展来说至关重要。

例如，胖东来是一家知名的零售企业，其店员以发自内心的微笑和热情服务著称。顾客进入店面，能明显感觉到与其他卖场的不同。店员看到抱孩子、提东西的顾客，会主动帮忙；保洁阿姨也跪在地上拿毛巾擦地，以确保地面干净。胖东来注重培养员工的服务意识和责任心，让员工在工作中感到自由和快乐。这种积极的工作氛围使得员工能够为顾客提供有温度的服务，从而赢得了顾客的喜爱和忠诚。

优质服务不仅能够提升客户的满意度和忠诚度，还能够推动业务增长和品牌发展。因此，企业在经营过程中应该注重提升服务质量，以优质的服务赢得客户的喜爱和信任。

从产品到服务创新应把握好以下几个方面。

（1）客户的期望是服务创新的重点。企业要把注意力集中在对顾客期望的把握上，认真听取客户反映和意见，有针对性地改进，往往能收到很好的效果。

（2）顾客抱怨的背后藏着服务创新的秘密。企业一定不要怕顾客抱怨，客户抱怨证明有对服务不满意的地方，而这个地方恰好是服务改进和创新的地方。对待顾客的抱怨，均应立即妥善处理，设法改善。以耐心、关怀来巧妙解决顾客的问题，这是服务创新的基本策略。

（3）员工比规则重要。服务的第一个环节就是员工，顾客感知到良好的服务也是通过接触一线员工产生的，顾客对服务品质好坏的评价是根据他们同服务人员打交道的经验来判断。所以，企业要把更多的关注放在员工身上，而不是规则身上。先让员工觉得体验好，他们才能由己及人做出好的服务。

（4）建立服务创新要有动态发展意识。要使顾客满意，企业必须建立售前、售中、售后的服务体系，并对体系中的服务项目不断更新。服务的品质是一个动态的变量，只有不断地更新才能维持其品质不下降。售前的咨询、售中的指导、售后的培训等内容会随着时间的推移使其性质发生变化，原来属于服务的部分被产品吸收，创新的部分才是服务。所以，企业不创新，就没有服务。

（5）尽最大可能做到对客户"有求必应"。不同的企业对服务的理解不同。其中，很多企业对服务的定义过于狭窄。餐饮企业对服务的理解可能就是笑容可掬,其实还有其他诸如菜品、卫生环境、迎客送客的行为举止等很多细节;银行可能认为服务就是快捷并不出差错,其实还有方便服务和不同需求的满足;零售企业可能认为服务就是存货充足和免费送货,其实还有商品的人性化和服务的理念以及更高层次的心理需求的满足。一个企业要在竞争中取胜,仅仅做到"有求必应"是不够的,应不断地创新服务,由被动地适应变为主动地关心、主动地探求顾客的期望。

产品创新:从大众化向利基转型

很多人习以为常地认为企业存在的根本目的就是为股东创造最大利润,但管理学大师德鲁克说:企业存在的根本目的就是创造顾客!只有创造了顾客,企业才有可能得到回报;只有企业从顾客那里得到了回报,才有可能为股东创造价值。所以,顾客价值的实现是企业价值和股东价值实现的前提和基础。产品是企业实现顾客价值的载体,企业是通过交付顾客满意的产品来创造顾客的。例如,斯沃琪手表以"戴在手上的时装"为理念,不断推出新颖款式,吸引年轻消费者,同时利用斯沃琪的成功经验反哺高端品牌,为其注入创新活力。强调产品情感诉求,通过举办时尚活动、与艺术家合作等方式,提升品牌的时尚感和艺术氛围,吸引高端消费者。

所以,产品创新是商业模式和战略创新路径中的第三个关键之处。

按创新程度划分,分为全新产品创新和改进型产品创新。全新产品创新基于新的技术原理、新的材料或新的设计理念,创造出全新的产品,开拓全新的市场领域。如苹果公司推出的iPhone，重新定义了智能手机，改变了人们的通信和生活方式。改进型产品创新对现有产品进行局部改进和优化，提高产品性能、质量、外观等。如汽车厂商每年推出的新款车型，在配置、外观细节等方面进行升级。

按创新内容划分为功能创新、外观创新、结构创新和材料创新。功能创新为产品增加新的功能或提升原有功能的性能。如智能手表增加了健康监测功能，提升了产品的实用价值。外观创新对产品的外形、颜色、材质等进行创新设计，以吸引消费者眼球。如一些家居用品采用独特的造型和色彩搭配，提升产品的审美价值。结构创新改进产品的内部结构或组装方式，提高产品的稳定性、可靠性或生产效率。如笔记本电脑采用更紧凑的内部结构设计，使其更轻薄便携。材料创新使用新的材料来制造产品，赋予产品新的特性。如运动装备采用新型的透气、耐磨材料，提升产品的性能。

按创新目的划分为需求驱动型创新和竞争导向型创新。需求驱动型创新以满足消费者未被满足的需求为目的进行创新。如随着人们对环保出行的需求增加，电动自行车企业不断推出续航更长、充电更便捷的产品。竞争导向型创新为了在市场竞争中脱颖而出，针对竞争对手的产品特点进行创新。如手机厂商为了与对手竞争，推出具有更高像素摄像头的产品。

按形态划分有形产品创新和无形产品创新或有形无形相结合的创新。比如各种实物用品是有形的产品，服务则是无形的产品。

产品创新的根本是"从大众化向利基转化"。例如，可口可乐公司"从大众饮料到小众风味饮品"的转化。

可口可乐作为全球知名的大众饮料品牌，为了吸引年轻消费者和追求独特口感的人群，推出了一系列小众化的产品。推出了如樱桃味、香草味、咖啡味等多种独特风味的可口可乐，还在特定地区或渠道推出限量版口味；此外，还推出了"可口可乐 Freestyle"自助饮料机，消费者可以自行选择不同口味的糖浆与碳酸水混合，制作出个性化的饮料。

这些小众风味饮品满足了不同消费者的个性化需求，吸引了大量年轻消费者和饮料爱好者的关注，为品牌带来了新的增长动力。

优衣库"从大众基础款到小众联名合作款"。优衣库以提供简约、舒适、实惠的基础款服装而闻名，为了提升品牌的时尚感和独特性，与众多知名设计师、艺术家、品牌进行合作。与 KAWS、漫威、迪士尼等合作推出联名系列服装，将流行文化元素融入基础款服装中；与 JW Anderson、Ines de la Fressange 等设计师合作，推出具有设计师个人风格的系列产品。这些联名合作款产品往往在推出后迅速售罄，吸引了大量时尚爱好者和粉丝群体的购买，提升了品牌在时尚领域的影响力，同时也为店铺带来了更多的客流量和销售额。

小众产品能够更准确地满足消费者的个性化需求。通过深入了解消费者的需求和偏好，企业可以开发出更加符合消费者期望的产品，提高消费者的满意度和忠诚度。

在大众市场中，由于产品同质化严重，企业很难通过产品本身形成竞争优势。而小众产品由于具有独特性和差异性，能够更容易地吸引消费者的注意力，提高市场竞争力。小众市场的开发需要企业不断创新和升级产品。为了满足消费者的个性化需求，企业需要不断研发新技术、新材料和新工艺，推动产品的创新和升级。在大众市场中，由于竞争激烈且需求变化快，企业面临较大的市场风险，而小众市场由于需求独特且稳定，企业可以更好地预测和控制市场风险，降低经营风险。

以大众汽车为例，近年来其在中国市场的销量出现下滑，部分原因归结于未能充分满足年轻消费者的个性化需求。大众汽车长期以来采用套娃和平台化造车理念，导致产品同质化严重，缺乏独特性。相比之下，一些自主品牌汽车如比亚迪、吉利等则通过不断创新和升级产品，满足消费者的个性化需求，赢得了市场的认可。

此外，大众汽车在国内市场还存在质量双标问题，即在国内销售的车型配置较低、减配严重，而在欧美等市场则配置较高。这种双重标准进一步损害了大众汽车在中国市场的形象和声誉，加剧了其销量下滑的趋势。

所以，产品创新使大众产品向小众化转变是市场发展的必然趋势。通过深入了解消费者的需求和偏好，开发小众产品，企业可以更好地满足消费者的个性化需求，提高市场竞争力，促进产品创新和升级，并降低市场风险。

价值主张创新：从产品导向到解决方案导向

随着技术的发展和市场竞争的加剧，客户的需求逐渐从单一的产品购买转变为对综合解决方案的需求。客户希望获得能够满足其特定需求、提高效率和降低成本的整体方案。技术的快速迭代为提供定制化、智能化的解决方案提供了可能。大数据、云计算、人工智能等技术的应用，使得企业能够更精准地把握客户需求，提供更具针对性的解决方案。在激烈的市场竞争中，单纯依靠产品销售已难以保持竞争优势。通过提供解决方案，企业可以建立更紧密的客户关系，提高客户满意度和忠诚度。

所以，企业商业模式和战略创新的第四条路径是价值主张的创新，是从卖产品转变为卖解决方案。

卖解决方案是以消费者为本位,卖产品是以企业为本位。卖解决方案是站在消费者的角度思考问题,洞察到消费者的需求;消费者千差万别,所需要的解决方案也各不相同。而卖产品,企业主要是站在自己的角度思考问题,如企业为追求规模经济效应,沿袭工业时代产品标准化的思路。

以某IT企业为例,该企业原本主要销售硬件设备。随着市场竞争的加剧和客户需求的变化,该企业开始转型提供解决方案服务。通过深入了解客户需求、整合技术资源,该企业成功为多个行业提供了定制化的解决方案,如智慧城市、智能制造等。这些解决方案不仅提高了客户的业务效率,还为企业带来了持续的收入增长。

从卖产品到卖解决方案,价值主张的转变具有多方面重要性,主要体现在以下几点。

(1)提升客户价值。解决方案能够满足深层需求,产品往往只能满足单一功能需求,而解决方案能从客户的业务流程、战略目标等多维度出发,深入了解客户面临的问题和挑战,提供包含产品、服务、技术支持等在内的综合解决办法,更全面地满足客户的深层需求。解决方案不仅关注产品本身,还会围绕产品提供一系列增值服务,如培训、维护、升级等,帮助客户更好地使用和管理产品,提升客户的使用体验和投资回报率。

(2)增强企业竞争力。解决方案根据不同的消费者也不同,这样能够形成差异化优势,在产品同质化严重的市场中,单纯的产品竞争往往陷入价格战。而提供解决方案能够以独特的问题解决能力和个性化服务,与竞争对手形成差异化,吸引更多客户。当企业为客户提供了有效的解决方案,客户在更换供应商时会面临较高的转换成本,包括重新适应新系统、新服务等。这使客户更倾向于与企业保持长期合作关系,增加客户忠诚度。

（3）拓展市场机会。从卖产品转向卖解决方案，企业需要深入了解客户业务和行业趋势，能够发现客户尚未被满足的潜在需求，从而开拓新的市场领域，推出新的解决方案，实现业务的多元化发展。不同的客户群体可能对产品有不同的需求和应用场景。通过提供解决方案，企业可以根据不同客户群体的特点，定制解决方案，从而进入新的客户群体，扩大市场份额。

（4）提升企业利润。解决方案通常是产品、服务和技术的整合，其附加值更高，企业可以通过提供解决方案实现更高的价格定位，从而获得更高的利润。在为客户提供解决方案的过程中，企业可以根据客户的需求，推荐其他相关产品或服务，实现交叉销售。同时，随着客户业务的发展，还可以为客户提供升级版本的解决方案，促进升级销售，进一步增加企业的收入。

以下是一些从卖产品到卖解决方案的案例：

大疆创新作为全球领先的无人机制造商，最初主要销售无人机产品。转型后在农业植保领域，大疆不仅提供高质量的农业植保无人机产品，还搭建农业服务平台，提供作业管理、飞行记录、订单服务等多维度的农业植保服务支持，帮助植保服务各个环节形成产业闭环。同时积极投入售后服务团队建设和维修点布局，解决农业植保无人机的维护问题，从单纯卖产品向提供综合服务和整体解决方案转型。

某自动化公司转型前专注于生产和销售自动化技术相关的机器和设备。转型后面对传统制造企业人工成本上升和生产效率低下的问题，该公司销售团队深入了解客户的生产过程、瓶颈以及质量要求，提供了一个包含软硬件集成、员工培训和长期技术支持的全套解决方案，帮助客户提升了生产效率，改善了产品质量，节省了成本，提高了市场竞争力。

"熊猫"不走转型前作为蛋糕店，主要销售生日蛋糕等产品。转型后不再仅仅聚焦于蛋糕本身，而是定位于卖生日 party 快乐解决方案。让配送员身穿熊猫服装去送货，配合唱歌跳舞的表演，为顾客打造生日会的欢乐氛围，创造快乐记忆点，从卖蛋糕的产品思维转变为提供生日欢乐场景的解决方案思维，年营收超 8 亿元。

某教育技术公司转型前主要提供一些与教育相关的产品或通用的学习平台。转型后针对教育机构学生学习效果不佳的问题，采用解决方案式销售方法，为其提供定制化的学习平台。该平台根据学生的学习风格和进度提供个性化的课程和资源，销售团队还与教育工作者合作，确保平台能与学校现有的教学计划和资源无缝对接，满足教师和学生的需求。

所以，从卖产品到卖解决方案的转变是企业适应市场需求、提升竞争力的必然选择。通过深入了解客户需求、整合资源、提供定制化方案等方式，企业可以为客户提供更具价值的解决方案，建立更紧密的客户关系，实现可持续发展。未来，随着技术的不断进步和市场的不断变化，企业将继续探索更多创新性的解决方案，以满足客户的多样化需求。

渠道与交付模式创新：数字化、平台化与共享经济

渠道与交付模式创新是现代企业在激烈的市场竞争中获取竞争优势的重要手段。渠道创新主要是指企业通过创新手段来改变或优化现有的销售渠道，以提高销售效率和市场份额。

渠道是顾客价值传递和交付的重要途径。有人提出了"渠道为王"的概念，这种提法虽然有点以偏概全，但也说明了渠道在营销过程中的重要性。

例如，娃哈哈的渠道可以称得上非常成功的营销渠道模式。娃哈哈原总裁宗庆后总结两点：第一个关键点是合理分配了厂商之间的利益关系，要让他们卖你的产品能够赚钱，而且卖你的产品比人家的产品更赚钱，他就会希望卖你的产品；第二个关键点是要讲诚信。娃哈哈的联销体模式，"以利为基础，以义为纽带"，"义利"结合，建立了有共同利益基础的厂商关系。娃哈哈还在联销体的基础上通过建立特约二批商营销网络，逐步编织了以封闭式蜘蛛网态的营销体系，不仅加强了娃哈哈产品的快速渗透力，同时也提高了经销商对市场的控制力，从而达到布局合理、深度分销、加强送货能力、提高服务意识、顺价销售、控制窜货的目的。现在娃哈哈的营销网络可以保证新产品在出厂后一周内迅速铺进全国各地 60 万家零售店，同时与全国各地的广大顾客见面。

渠道和交付是相辅相成的，交付模式创新是指企业在产品交付过程中采用新的方式和方法，以提高交付效率和客户满意度。

根据客户的具体需求和偏好，提供定制化的产品和服务。这种交付模式能够满足客户的个性化需求，提高客户满意度。利用先进的技术和物流系统，实现产品的即时交付。例如，通过无人机或机器人等智能化设备，将产品快速送达客户手中。设立自助交付点或自助交付设备，让客户能够自行取货或完成交付过程。这种交付模式能够节省企业的人力资源成本，同时提高交付效率。与其他企业或机构合作，共同完成产品的交付过程。例如，与物流公司合作，实现产品的快速运输和交付；与售后服务机构合作，提供全面的售后服务支持。

以新能源汽车品牌极氪为例，该品牌在渠道与交付模式创新方面取得了显著成果。极氪家聚合了销售、体验、交付、售后等全功能服务，以一线豪华设计标准、一站式服务体验，彰显了新能源时代的一站式豪华。同时，极氪采用合作直营的模式，实现品牌、用户与投资人三方共赢。在交付模式方面，极氪通过快速布局门店和高效的服务体系，满足了客户的即时交付需求，并提供了全面的售后服务支持。

渠道与交付模式的创新是实现用户直达——以顾客为中心营销模式转型的重要基础设施。

渠道交付创新下的数字化、平台化与共享经济是当前经济发展的重要趋势，它们之间相互促进，共同推动了商业模式的变革和经济效率的提升。

数字化是渠道交付创新的基础。随着信息技术的飞速发展，数据已经成为新的关键生产要素。在渠道交付领域，数字化意味着将传统的渠道流程、信息和交互方式转化为数字形式，以便更高效地进行管理和优化。企业通过建立自己的电商平台、社交平台或移动应用程序等数字化渠道平台，实现对消费者需求的快速响应和满足。这些平台不仅提供了在线购物、支付结算等功能，还通过与消费者进行互动和沟通，增强了品牌的认知度和忠诚度。通过收集和分析消费者行为数据、市场动态数据以及竞争对手数据等，企业可以实现对市场的精准定位和高效决策。大数据技术的应用使企业能够更准确地把握消费者需求和行为趋势，从而优化产品和服务，提高市场竞争力。

平台化是渠道交付创新的关键。平台化意味着构建一个开放、共享、协同的生态系统，将供应商、经销商、零售商和消费者等各方资源整合在一起，实现资源的高效配置和共享。通过平台，各方可以实时共享市场需求、库存情况、订单状态等信息，实现供应链的协同和高效运作。平台可以根据消费者的需求和反馈，不断优化产品和服务，同时引入新的服务模式和业态，为消费者提供更加便捷、个性化的购物体验。

共享经济是渠道交付创新的重要方向。共享经济通过整合和利用闲置资源，提高资源利用效率，降低交易成本，实现了经济模式的创新和变革。共享经济模式使供应商和经销商可以共享仓库、物流、销售等渠道资源，降低运营成本，提高资源利用效率。共享经济促进了不同行业之间的生态合作和资源共享，通过优势互补和资源共享，实现各方的共赢和可持续发展。

在渠道交付创新中，数字化、平台化与共享经济是相互融合、相互促进的。数字化为平台化和共享经济提供了技术支持和数据基础；平台化为数字化和共享经济提供了开放、共享、协同的生态系统；共享经济则进一步推动了数字化和平台化的发展和应用。通过数字化、平台化和共享经济的融合创新，企业可以构建更加高效、便捷、个性化的渠道交付体系，提高市场竞争力。融合创新可以优化资源配置，降低运营成本，提高资源利用效率，实现可持续发展。

总之，渠道与交付模式创新是企业获取竞争优势的重要手段。通过多渠道销售、线上线下融合、创新的物流配送、社交媒体营销、数据驱动决策、合作伙伴关系以及客户体验创新等策略，企业可以优化销售渠道并提升销售效率。同时，通过定制化交付、即时交付、自助交付和协同交付等创新模式，企业可以提高交付效率和客户满意度。渠道交付创新下的数字化、平台化与共享经济是当前经济发展的重要趋势。它们之间相互促进，共同推动了商业模式的变革和经济效率的提升。在未来，随着技术的不断进步和市场环境的日益变化，这些趋势将继续发挥重要作用并推动经济的持续发展。

收入模式多样化：订阅制、基于成果、增值服务

在一个多元化的经济环境中，企业的收入结构逐渐变得更加复杂和多样化。除了我们已经探讨的销售收入、服务收入、订阅费和广告收入，企业还可以通过开发其他收入来源来增强其财务稳健性和可持续发展能力。

企业商业模式创新从卖产品到卖解决方案的转变过程中，收入模式多样化创新也是非常关键的一个环节，一般有以下几种方式。

（1）基于订阅的收入模式。

如企业将原本一次性销售的办公软件，转变为以SaaS模式提供，客户按使用期限订阅，每月或每年支付固定费用，可随时使用最新版本软件及获得技术支持。如一些设备制造商不再只卖设备，而是提供包含设备使用、维护、保养等的综合服务订阅，客户定期付费获取一揽子服务。

以下是一些基于订阅的收入模式案例：流媒体领域有Netflix和Spotify。Netflix是全球知名的流媒体服务平台，用户每月支付7.99~19.99美元不等的订阅费用，即可无限制地观看平台上的海量电影、电视剧等视频内容。通过不断推出原创优质内容，吸引了大量用户订阅，为其带来了稳定且可观的收入，成为流媒体行业的领军者。Spotify作为音乐流媒体平台，提供免费和付费订阅两种模式。付费订阅用户每月支付9.99美元左右的费用，可享受无广告干扰、高品质音乐播放、离线下载等服务，在全球拥有数亿的订阅用户，依靠订阅收入在音乐流媒体市场占据重要地位。

电商领域的 Stitch Fix 是一家订阅式服装电商，用户注册时需填写个人风格偏好、身材尺寸等信息，每月支付 20 美元的造型费，Stitch Fix 就会根据用户数据和算法推荐，为用户挑选并寄出 5 件服装和配饰。用户留下喜欢的商品并支付相应费用，退回不喜欢的，这种个性化订阅服务吸引了大量用户，年销售额不断增长。Dollar Shave Club 主要提供男士剃须用品订阅服务，用户可选择不同的订阅套餐，每月支付几美元到十几美元不等的费用，就能定期收到高品质的剃须刀、剃须膏等产品，以高性价比和便捷的订阅模式，成功颠覆了传统剃须刀市场。

SaaS 服务领域的 Salesforce 是全球领先的云计算软件服务提供商，为企业提供客户关系管理（CRM）等软件解决方案。企业客户根据自身需求选择不同的订阅套餐，按用户数量和使用功能的不同，每月支付一定费用，帮助企业管理客户关系、销售流程等，凭借强大的功能和服务，拥有众多企业订阅用户，成为 SaaS 行业的标杆。Adobe Creative Cloud 为创意工作者提供了一系列设计、摄影、视频编辑等软件，如 Photoshop、Illustrator 等。用户可以选择按月或按年订阅，根据订阅的套餐不同，每月支付几十美元的费用，即可随时使用软件的最新版本，并享受云存储、协作等功能，满足了创意行业用户的需求，获得了大量订阅收入。

其他平台领域如亚马逊 Prime 用户每年支付 119 美元的会员费，可享受包括无限制的商品配送、影视音乐内容观看、游戏福利等多项权益，吸引了大量消费者成为会员，不仅增加了用户忠诚度，还带动了亚马逊其他业务的增长。

有水果品牌推出以赠礼为定位的订阅制销售模式，顾客购买周期卡后可按周配送水果，有月、季、年三种套餐，还有针对企业客户的定制版服务，在基础套餐上增加节假日水果礼包和管家一对一服务，提前售卡、以销定产，一年营收超过 3 000 万元。

（2）基于成果的收入模式包括按效果付费和绩效分成。

在营销领域，广告公司为客户提供营销解决方案，若达到约定的销售增长、品牌知名度提升等效果，客户才支付相应费用，效果越好，费用就越高。环保企业为工业企业提供节能减排解决方案，根据实际节能减排量进行分成，帮助客户实现目标后，按一定比例从客户节约的成本或获得的收益中获取收入。

这种收入模式各个领域都可见。

某环保科技公司与一家化工企业合作，为其提供废水处理解决方案。双方约定，若处理后的废水达到国家一级排放标准，且化工企业每年因减少污染排放和水资源循环利用节约的成本超过 500 万元，环保科技公司将从节约成本中获取 30% 的分成，期限为 5 年。实施解决方案后，化工企业每年节约成本 800 万元，环保科技公司每年可获得 240 万元的收入。

某医疗科技公司为医院提供一套智能医疗诊断系统，合同约定以该系统投入使用后一年内疾病诊断准确率的提升幅度作为收费依据。若诊断准确率提升 10%~15%，医院需支付系统采购费用的 1.2 倍；若提升 15% 以上，支付 1.5 倍费用。该系统投入使用后，疾病诊断准确率提升了 20%，医院按约定支付了更高的费用，使医疗科技公司获得了更高的收益。

某在线教育平台与一所职业学校合作，为其提供定制化的在线职业培训课程。双方约定，以学生通过培训后在相关职业技能考试中的通过率以及毕业后三个月内的就业率为考核指标。若通过率达到 80% 且就业率达到 90%，职业学校需按照学生培训费用的 20% 向在线教育平台支付额外奖励。最终学生的考试通过率为 85%，就业率为 92%，在线教育平台获得了可观的额外收入。

某农业科技公司为种植大户提供农业种植解决方案，包括提供优质种子、化肥、植保技术等。双方约定，若农作物产量比上一年度提高20%以上，且农产品品质达到绿色食品标准，种植大户将从增产部分的收益中拿出40%给农业科技公司。实施解决方案后，农作物产量提高了30%，且农产品品质符合绿色食品标准，农业科技公司从种植大户的增产收益中获得了丰厚的回报。

（3）基于增值服务的收入模式。

包括数据增值服务和培训与咨询服务。比如智能设备制造商在销售设备后，通过收集和分析设备产生的数据，为客户提供数据洞察、预测性维护等增值服务并收费。教育科技公司除提供在线教育平台产品外，还为学校或企业提供教师培训、课程设计咨询等增值服务，收取额外费用。

数商云电商平台为商家提供数据分析、营销推广、物流配送等增值服务。利用自身积累的数据资源和专业团队，为商家提供精准的数据分析和营销推广服务，根据商家需求制定个性化方案，收取相应服务费用，帮助商家提升销售业绩和品牌影响力，实现增值服务收入的快速增长。

例如，喜车界无人共享自助洗车除了收取基本洗车费用外，还提供车内清洁用品销售、车辆美容等增值服务。车主在洗车时可能会购买清洁用品或选择美容项目，增加了盈利点。同时与附近加油站、汽车维修店等合作，互相推荐客户，获取推广费用。

汽车4S店除销售汽车外，还能提供汽车金融贷款服务，帮助客户解决购车资金问题，收取贷款手续费。并推出车辆延保服务，客户支付一定费用可在原厂质保期后继续享受保修服务，为4S店带来额外收入。

售电公司除了传统的电力销售差价盈利外，还通过提供能效管理服务，为用户分析用电数据，提供节能建议和方案，收取服务费用。开展电力设备运维服务，保障用户电力设备稳定运行，收取运维费用。此外，收集和分析用户用电行为等数据，挖掘潜在需求，提供个性化电力服务或推荐相关产品，甚至将数据出售给第三方获取收益。

物业公司将物业转型为社区服务中心，提供家政、老年照护、教育培训等一系列增值服务，为物业公司带来额外收入；还可推出增值服务套餐，将保洁、维修、安全等特别服务打包出售给住户，提高居民满意度的同时增加收入。

（4）基于生态系统的收入模式。

平台佣金和合作伙伴分成均属于此类生态系统。电商平台为商家和消费者搭建交易平台，提供店铺搭建、营销推广等解决方案，从商家的交易中抽取一定比例的佣金作为收入。智能汽车制造商打造智能出行生态系统，与地图导航、充电桩运营商等合作，根据用户使用合作伙伴服务的情况，与合作伙伴收入分成。

资源与能力重构：轻资产、外包与合作网络

企业资源与能力重构是企业根据战略定位和能力构建需求，对企业内外部有形和无形资源进行获取、更新，并对其进行持续的整合和再整合的过程，也是商业模式和战略创新的第七条路径。

企业资源与能力重构一般包括轻资产、外包与合作网络的相关。

企业资源重构轻资产是指企业通过调整资源配置，减少对固定资产等重资产的依赖，聚焦于品牌、技术、人才、数据等轻资产要素，提升企

业的灵活性、创新能力和盈利能力。例如耐克公司将主要精力放在产品设计、品牌营销和市场推广等核心环节，把生产环节外包给东南亚等地的工厂，大幅降低了生产设施等重资产投入，得以快速响应市场变化，推出新品，提升了企业的竞争力和盈利能力。

外包是企业将非核心业务或流程委托给外部专业机构，利用外部资源和专业优势，降低成本、提高效率和质量。例如，许多互联网企业将客服业务外包给专业的客服公司，这些公司在人员管理、服务流程等方面具有专业经验，能提供24小时服务，使互联网企业专注于核心业务创新，同时降低了运营成本。

合作网络是企业与供应商、客户、合作伙伴等建立广泛的合作关系，形成一个相互依存、协同发展的网络，实现资源共享、优势互补，共同创造价值。例如小米公司通过与众多供应商建立紧密的合作网络，确保了零部件的稳定供应和成本控制。同时，与软件开发商、内容提供商等合作，构建了丰富的生态系统，为用户提供了多样化的产品和服务，提升了用户体验和品牌影响力。

轻资产、外包与合作网络是现代企业经营策略中的重要组成部分，它们各自具有独特的特点和作用，同时也相互关联，共同影响着企业的运营效率和竞争力。

首先，这三个方面相互促进。轻资产模式有助于企业降低固定资产投入，从而更容易实现外包和合作网络的建设。同时，外包和合作网络的建设也有助于企业进一步降低运营成本、提高运营效率，并增强轻资产模式的效果。

其次，三个方面互相补充。轻资产模式注重无形资产的积累和保护，而外包和合作网络则有助于企业获取更多的外部资源和支持。这三者相互补充，共同构成了一个完整的企业运营体系。

最后，三者共同推动企业发展。轻资产、外包与合作网络都是现代企业经营策略中的重要组成部分，它们共同推动着企业的发展和进步。通过优化资源配置、提高运营效率、降低成本和增强竞争力，这些策略有助于企业在激烈的市场竞争中脱颖而出。

所以，在资源与能力重构中，轻资产、外包与合作网络是现代企业经营策略中的重要组成部分。它们各自具有独特的特点和作用，同时也相互关联、相互促进，共同推动着企业的发展和进步。企业通过资源重构轻资产，合理运用外包策略，构建广泛的合作网络，能够提升自身的竞争力和抗风险能力，实现可持续发展。

交易过程创新：去中间化、工厂化

所谓的"交易过程"，涉及交易双方的互动，即价值如何被创造和交付给价值的需求者，以及收入如何从支付者（可以是价值的需求者，也可能是第三方）持续地回流到价值的提供者。

企业交易过程的创新是推动企业发展的重要动力。其中，去中间化和工厂化是两种重要的创新方式。

对一个成熟的商业模式而言，其交易过程往往是一根很长的链条，涉及多个交易环节中的大量参与者。譬如在传统的零售行业中，商品通常需要经过多层级的分销商和零售商才能最终到达消费者手中。中间参与者越多成本就越高，交易过程的效率也会降低，这样无疑会削弱商业模式的吸引力和竞争力。所以，交易过程的创新第一种就是要"去中间化"。

数商云为某大型医疗器械企业开发的 B2B 平台，整合了供应链资源，使医疗器械采购商和供应商能在平台上直接对接。平台简化了在线询价、招标、下单、支付等环节，去除了代理商、经销商等中间环节，降低了交易成本。

传统旅行社的业务模式通常是从前端销售到批发商再到地接社，存在信息差，中间环节多。现在一些线上 OTA 平台、短视频平台或直播平台，让游客和优质的发团社、地接社通过平台建立交易闭环，降低中间交易成本，提高旅游服务质量。

以上这些操作均是对于交易过程的简化。我们所熟知的戴尔公司的直销模式便是一个采用"去中间化"战略的典型范例，通过精简经销商这一环节，戴尔公司获得了成本和效率的双重优势，在激烈的竞争中脱颖而出。值得注意的是，在很多时候，交易过程的去中间化依赖于技术的赋能。

当然，在交易过程中的去中间化实质是计划将通过提升效率或降低成本带来的收益增量应该如何分配。

一般而言，新商业模式的主导企业需要依据参与者对价值创造的重要性、对收益获取的潜在贡献以及它们的可替代性进行收益分配，甚至需要将一部分收益分享给价值的支付者——通常是终端用户。

第二种交易过程创新则是"工厂化"，也就是集约化手段。随着技术制约被逐渐消除和打破，集约化将会成为一个必然的趋势，这背后的逻辑在于将离散的活动和参与者集中起来从而形成规模经济效应，有益于实现效率的提升或成本的节约。

例如，用友金融构建的集约化事项中台，通过搭建"一中台 + 三引擎"能力，实现了数据标准、流程贯通、集约共享、集团管控、降本增效、合规经营。该事项中台促进了业财融合，提升了核算速度和分析及时性。通过事项认定引擎和核算引擎能力，建立了标准化高复用的数据中台，实现了业务场景参数化、会计核算流程化、事项信息多维化、管理决策精细化。此外，该中台还实现了统一报销类型、统一审批流程、统一业务流程等，切实减轻了基层员工在报销方面的负担，并提升了单据审批、合规检查、核算效率。

在国际电子贸易中，集约化经营也表现得尤为明显。电子商务市场的出现，打破了原有的商业格局，形成了全新的经营、管理、销售和服务模式。通过网络平台，买卖双方可以跨时间、跨地区、跨国界达成交易，随时随地销售和购买任何商品。这种交易方式的集约化，不仅降低了交易成本，还提高了交易效率。同时，电子商务市场还实现了零库存概念，卖方可以将销售的即时信息与生产厂商连通，建立最低库存自动预警系统，保证生产厂家能及时供货、配货。

餐饮企业也开始采用集约式的创新让流程变得更快。例如，西贝在多地设有生产基地与工厂，包括有机莜麦基地、奶食生产基地等，从源头确保食材质量。通过急冻锁鲜技术、创新空气加热炒制、专利保鲜包装等高科技工艺，推出"贾国龙功夫菜"预制菜系列，既保证了菜品的美味，又便于门店快速加工。生产流程也统一标准化，西贝在厨房中推行标准化作业流程，确保每一道菜品的制作步骤、食材用量等都达到统一标准，从而提高生产效率和菜品质量。采用先进的厨房设备，如智能网关、4G魔盒等，实现设备远程管理和一键重启，提高设备使用效率和故障修复速度。西贝以阿里云作为中心端管理全国网络，实现总部与全国门店的互联互通，提高管理效率。通过WiDash平台呈现所有设备运行状况，实现门店设备云管、网络监控等功能，确保厨房设备的正常运行和及时维护。

除了金融行业和电子商务市场外，其他行业也在探索交易过程的集约化。例如，在制造业中，一些企业通过优化生产流程、提高生产效率、降低生产成本等方式实现了生产过程的集约化。在服务业中，一些企业通过提供标准化、流程化的服务，提高了服务质量和客户满意度。交易过程的集约化在各个行业和领域中都得到了广泛的应用和探索。通过优化流程、提高效率、降低成本等方式，企业可以实现更好的经济效益和社会效益。

第6章
战略环境洞察与差异化定位

市场趋势分析的维度与方法

商业模式和战略创新需要配合环境才能大展拳脚。所以，对战略环境的洞察尤为重要。市场和经济发展趋势直接决定企业在大环境中的状态，同时也预示着创新能否成功。

在当今竞争激烈的商业环境中，进行有效的市场分析是企业成功的关键因素之一。通过市场分析，企业可以更好地了解市场需求、消费者行为以及竞争对手的动态，从而制定出更加精准的营销策略。

市场分析不仅能帮企业识别潜在机会，还能有效降低风险，通过了解市场趋势，企业可以预测未来的发展，从而为战略规划提供支持。

一般市场趋势分析有三个维度，分别是分析大环境与本公司、行业竞争结构可视化以及分析本公司的竞争力。

首先，分析大环境与本公司可以通过 PEST 分析，从政治（Political）、经济（Economic）、社会（Social）和技术（Technological）四个方面对市场宏观环境进行分析，了解外部环境变化对市场趋势的影响。SWOT 分析，通过对企业或项目的优势（Strengths）、劣势（Weaknesses）、机会（Opportunities）和威胁（Threats）进行综合评估，明确自身在市场中的地位和发展方向。波特五力模型，用于分析行业竞争态势，包括现有竞争者的威胁、潜在进入者的威胁、替代品的威胁、供应商的议价能力和购买者的议价能力，帮助企业判断行业吸引力和竞争格局。时间序列分析，基于历史数据随时间的变化规律，运用移动平均、指数平滑等方法预测未来趋势，适用于分析具有时间序列特征的数据，如销售额、市场份额等。回归分析，建立变量之间的数学关系模型，通过分析自变量和因变量之间的关系来预测市场趋势，例如分析广告投入与销售额之间的关系。利用大数据技术收集和分析海量的市场数据，包括消费者行为数据、社交媒体数据等，挖掘隐藏在数据中的市场趋势、消费者需求和偏好等。

其次，行业竞争结构可视化，能直观呈现行业竞争态势，辅助战略决策。常用方法如波特五力模型图，以波特五力模型为基础绘制。用圆形或方形代表企业，从供应商的议价能力、购买者的议价能力、潜在进入者的威胁、替代品的威胁、竞争者的威胁5个方向，以箭头线条连接企业，线条粗细、颜色或标注代表影响程度，如线条粗表示供应商议价能力强。战略群组图，以两个关键战略维度（如产品价格与市场份额、产品差异化程度与垂直整合程度）为坐标轴，将行业内企业标注在图中，形成不同战略群组。群组位置、分布疏密体现企业战略定位与竞争关系，距离近则竞争激烈。雷达图，以企业为中心，从多个竞争要素（如成本、质量、创新能力、品牌影响力、渠道优势）出发画射线，形成类似雷达的图形。各要素按表现评分，连接得分点呈多边形，多边形面积和形状直观展示企业在各方面竞争力及综合竞争态势。例如，智能手机行业波特五力模型图，在绘制时，代表手机厂商的中心位置，供应商的议价能力方面，因核心零部件（芯片、屏幕）供应商集中，线条粗，表明其议价能力强；购买者的议价能力，消费者选择多，线条较粗；潜在进入者威胁，因技术、资金门槛高，线条细；替代品的威胁，如可穿戴设备对手机部分功能有替代可能，线条适中；同业竞争者的市场品牌多、竞争激烈，线条粗。由此，各因素对手机厂商竞争影响一目了然。

在线教育行业战略群组图，以课程价格和课程覆盖学科范围为坐标轴。头部大型平台课程全、价格高，在右上角；专注小众学科的在线教育企业，课程覆盖窄、价格有高有低，分布在左侧不同位置。由此可清晰看出各企业战略定位与竞争态势。

家电行业雷达图，以某家电企业为中心绘制雷达图。在成本控制方面得分高，对应射线的点靠近外端；创新能力方面得分低，对应射线的点靠近中心。通过雷达图，企业能直观了解自身优势与不足，与竞争对手对比，制定针对性策略。

最后，分析本公司的竞争力。一家企业是否能保有竞争优势，取决于其拥有的经营管理资源以及运用该资源的能力，包括技术、研发能力、业务营销能力、人才等各种资源。常用的方法是"VRIO分析"法。

VRIO分析法是一种用于评估企业资源和能力以确定其竞争优势的工具，由杰伊·巴尼（Jay Barney）提出，具体内容及案例如下：

价值（Value），企业的资源和能力能否帮助企业对机会做出反应或消除威胁。若能，则该资源和能力具有价值，有助于企业提高效率和效益，在市场中获取竞争优势。

稀缺性（Rarity），具有价值的资源和能力是否只有少数企业拥有。若只有少数企业具备，那么拥有它的企业就可获得竞争优势；若广泛存在，就只能带来竞争均势。

不可模仿性（Inimitability），其他企业难以复制或获取该资源和能力。可能因技术专利、独特历史条件、因果模糊性等原因导致难以模仿，使企业竞争优势更持久。

组织（Organization），企业是否有相应的组织架构、管理体系和流程，来充分利用资源和能力。若企业能有效组织，就能将资源和能力转化为实际的竞争优势。

以苹果公司的 iPhone 为例，价值方面 iPhone 拥有先进的操作系统、强大的芯片性能、出色的工业设计和丰富的应用生态，能满足消费者通信、娱乐、办公等多方面需求，帮助苹果在智能手机市场占据优势，具有很高的价值。iOS 系统和苹果自研芯片是苹果独有的，其简洁易用的交互设计、严格的应用审核机制等在行业内也较为独特，使 iPhone 有别于其他品牌手机，具有稀缺性。苹果的品牌形象、技术研发实力、供应链管理以及庞大的应用开发者生态，是在长期发展中积累形成的，其他厂商难以在短时间内复制，具有不可模仿性。组织优势是苹果公司有高效的研发团队、严格的质量控制体系、独特的营销策略以及完善的售后服务网络，能将 iPhone 的技术和设计等优势充分发挥出来，转化为市场竞争力，在组织方面做得很出色。

通过 VRIO 分析可知，iPhone 的相关资源和能力为苹果公司带来了持续的竞争优势，使其在全球智能手机市场保持领先地位。

所以，正确运用市场趋势分析的方法从以上几个维度进行，可以帮助企业了解市场整体是处于上涨、下跌，还是盘整状态，以及行业热度的变化情况等，以便更好地适应市场变化。通过分析能洞察到新兴行业的崛起、新的消费需求等潜在机会，提前布局可以获得竞争优势和更大的发展空间。为企业制定产品研发、市场推广、投资等战略决策提供关键依据，使决策更具科学性和前瞻性。明确市场趋势后，企业可以将资源集中投入到更有潜力的领域和项目，提高资源利用效率。

用户需求洞察：定性与定量研究方法

企业在搞战略创新时，一定离不开用户，没有用户的战略实施往往是空中楼阁。无论是卖产品还是卖服务，首先都要找到用户需求，才能有针对性地创新自己的产品或服务。

企业所面临的最大问题就是把产品卖给"谁"。也就是确定目标客户群体的问题，有了目标群体仅仅是第一步，能够洞察用户需求，投其所好，才能做到目标精准。

我们都听过"顾客是上帝，一切从顾客出发，让顾客满意"这样的理念，很多企业也总觉得自己在为消费者着想。其实许多行为只是无意义地自嗨，根本没有站在消费者的角度去思考。"为消费者着想"和"站在消费者的角度"看似大同小异，其实最终得出的结果却是截然不同的。因为这是两种完全不同的思维，最大的问题就在于前者偏离了消费者真正的需求，而后者才能真正了解消费者的心理，把握消费者的实际需求。

比如，史玉柱做脑白金和黄金搭档的时候，考核业务人员有一个判断标准就是你能不能很生动、很形象地描述你的客户15分钟，从他住多少平方米的房子，拿多少钱的月薪，几点钟起床，甚至用什么牌子的牙膏，蹲在马桶上的时间是多少，早餐吃什么，坐什么车上班，上班时间、路程大概是多少，喜欢看什么报纸、看什么新闻，午餐吃什么，晚餐吃什么，几点睡觉，等等。这就是一种很形象的用户需求洞察。

用户需求洞察对于企业非常重要。首先，能助企业明确产品功能、特性及市场定位，开发出符合用户需求的产品，避免资源浪费。如拼多多洞察到下沉市场用户对高性价比商品有强烈需求，于是将平台定位为"低价好物"的购物平台，主打性价比商品，吸引了大量价格敏感型用户。其次，基于需求优化产品和服务，可提高用户满意度与忠诚度。发现未被满足的潜在需求，可为企业创新提供方向，开拓新市场。最后，先于对手了解用户需求，能使企业在竞争中占据主动，构建差异化优势。拼多多凭借对下沉市场用户需求的精准洞察，在电商红海中开辟出独特赛道，快速崛起成为与淘宝、京东等竞争的重要电商平台。

例如，拼多多在发展过程中，深入洞察到下沉市场用户的消费需求特点。一方面，这些用户对价格极为敏感，希望能以较低成本满足日常生活需求；另一方面，他们有较强的社交互动意愿，乐于通过社交平台分享生活、获取信息。拼多多洞察到下沉市场用户对高性价比商品有强烈需求，于是将平台定位为"低价好物"的购物平台，主打性价比商品，吸引了大量价格敏感型用户。

拼多多通过优化搜索算法、界面设计等，让用户能更便捷地找到心仪的商品。同时推出"百亿补贴"等活动，确保用户能以实惠价格买到正品，提升了用户购物体验。发现未被满足的潜在需求，可为企业创新提供方向，开拓新市场。拼多多发挥社交在购物决策中的影响力，推出拼团、砍价等社交玩法，激发了用户分享和参与热情，开创了社交电商新模式。

通过对用户需求的精准洞察和针对性的策略实施，拼多多在短短几年内实现了用户规模和业务的快速增长，成为国内电商领域的巨头之一，这充分体现了用户需求洞察对企业发展的关键作用。

用户需求洞察常使用的方法是定性与定量研究方法，二者各有特点又相辅相成。

定性研究方法一般包括用户访谈、观察法、焦点小组、案例研究。

用户访谈是与用户直接对话，了解其需求、动机、行为和态度。可以是一对一访谈，也可以是小组访谈。在访谈过程中，访谈者需保持中立，通过开放式问题引导用户深入表达，如"您在使用这类产品时，遇到过哪些让您不满意的地方？"。

观察法直接观察用户在自然情境下的行为、操作流程和环境等。包括直接观察、间接观察（如通过摄像头记录）和参与式观察等。比如观察用户在超市挑选商品的过程，了解其选择偏好和决策过程。

焦点小组邀请6~10名具有代表性的用户组成小组，在主持人的引导下围绕特定主题进行讨论。主持人要把控讨论方向和节奏，激发小组成员互动，以获取多样化观点和深入见解，常用于新产品概念测试等。

案例研究是对特定用户或用户群体进行深入详细分析，通过收集多方面资料，如用户的使用记录、反馈意见等，探究其需求形成和变化的过程及影响因素，有助于深入理解复杂问题。

定量研究方法包括问卷调查、实验法、大数据分析、眼动追踪等。

问卷调查一般设计标准化问卷，通过线上或线下方式收集大量用户数据。问题类型包括选择题、量表题等，可用于了解用户基本信息、行为频率、满意度等，如"您平均每月在网上购物的次数是？"并通过统计分析揭示规律和趋势。

实验法在控制其他变量的情况下，研究自变量对因变量的影响。例如，测试不同价格、包装设计对用户购买意愿的影响，设置实验组和对照组，对比分析数据得出结论。

大数据分析收集和分析海量用户行为数据，如网站浏览记录、购买记录、搜索关键词等。通过数据挖掘技术，发现用户潜在需求和行为模式，为产品优化和营销策略制定提供依据。

眼动追踪利用眼动追踪设备记录用户在查看界面、图片、广告等内容时的眼球运动轨迹和注视点等数据，分析用户注意力分布和视觉偏好，优化产品设计和信息布局。

竞争对手分析：识别优势、劣势与潜在威胁

企业营销不但要给自己的品牌和客户定位，还有一点不得不重视，就是要知道你的竞争对手是谁，同样的产品和服务，是谁跟你平分秋色，甚至能够抢走你的钱。

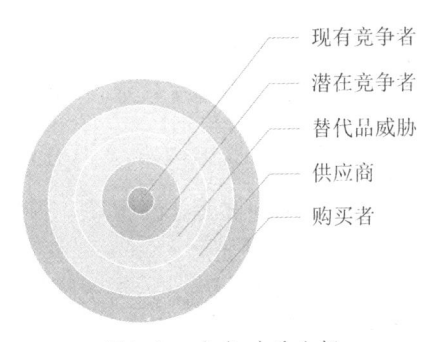

图6-1 竞争对手分析

《孙子·谋攻篇》中说："知己知彼，百战不殆；不知彼而知己，一胜一负；不知彼，不知己，每战必殆。"运用在我们的商战中，通俗地说就是既要了解自己，又要了解竞争对手，百战都会立于不败之地；如果不了解竞争对手而只了解自己，胜败各占一半；如果既不了解竞争对手又不了

解自己，每次都可能失败。

所以，竞争对手分析也是战略管理和创新很重要的一个环节。在分析竞争对手的时候往往需要进行识别其优势、劣势和潜在的威胁。

竞争对手分析需全面深入，下面以国内新能源汽车市场的比亚迪和特斯拉为例，为你展示如何进行分析。

（1）确定竞争对手。明确直接与间接竞争对手。比亚迪作为国内新能源汽车领军企业，特斯拉是其在全球市场强劲的直接竞争对手。二者均聚焦新能源汽车制造，产品涵盖轿车、SUV等，且在技术研发、市场拓展方面针锋相对。

（2）收集信息，从年度报告和官网以及媒体报道、行业论坛上找信息。特斯拉年度报告详细呈现财务状况、销量、市场份额及未来规划。比亚迪年报展示业务布局、技术突破及各车型销售数据。特斯拉官网展示产品特性、技术亮点、购车流程与服务。比亚迪官网不仅有产品信息，还强调其在电池技术、产业链整合方面的优势。专业汽车媒体对比亚迪新车型发布、技术创新及市场策略调整进行追踪报道。对特斯拉，媒体常聚焦其自动驾驶技术进展、产能提升及海外市场动态。在汽车行业论坛中，消费者和专业人士对比亚迪和特斯拉的性能、性价比、售后等展开讨论，反馈真实看法。

（3）分析维度，可以通过竞争对手的产品、技术、价格和渠道几个方面来进行。特斯拉以高性能、长续航车型吸引追求科技感的用户，如Model 3操控性强，电池技术先进。比亚迪产品线丰富，注重性价比，如秦PLUS DM-i以超低油耗和亲民价格受家庭用户青睐。特斯拉在自动驾驶技术领域处于领先，其Autopilot辅助驾驶系统不断迭代升级。比亚迪在电池技术方面根基深厚，刀片电池安全性高、能量密度大，并在混动技术上不断创新。特斯拉定价策略受成本和市场供需影响，部分车型降价以扩大市场份额。比亚迪产品定价覆盖高中低不同区间，凭借成本控制优势，在中低端市场极具竞争力。特斯拉采用直营模式，通过官网和体验店销售，提供统一标准服务。比亚迪采取经销商与直营相结合，利用经销商网络覆盖优势，扩大市场渗透。特斯拉凭借强大品牌影响力和话题性吸引关注，较少投放传统广告。比亚迪通过赞助活动、明星代言及线上线下推广，提升品牌知名度。

（4）总结与策略制定。比亚迪和特斯拉各有优势。比亚迪应巩固电池技术和成本优势，拓展海外市场；优化营销，提升品牌形象。特斯拉需强化供应链管理，降低成本；提升产能，满足市场需求。通过持续关注对手动态，企业能及时调整策略，保持竞争力。

仍以比亚迪和特斯拉为例，我们来识别它们的优势、劣势和潜在威胁：特斯拉的优势是品牌影响力巨大，在全球被视为高端、科技的代表；拥有行业领先的自动驾驶技术，Autopilot 系统不断升级，能提供先进的辅助驾驶功能；电池技术优势明显，续航能力出色；直营模式可保证统一服务标准，增强用户体验。

劣势：车辆售价相对较高，一定程度上限制了消费群体；产能曾长期受限，难以快速满足市场需求；部分车型内饰设计简约，被一些用户认为缺乏豪华感和舒适性；因自动驾驶等技术引发的安全问题受关注，品牌形象偶有受损。

潜在威胁：全球新能源汽车市场竞争加剧，众多新品牌和传统车企转型带来竞争压力；政府补贴政策调整可能影响其价格优势；技术更新换代快，若不能保持领先可能被对手超越；供应链受全球局势、自然灾害等因素影响，存在供应中断风险。

比亚迪的优势：在电池技术领域有深厚积累，刀片电池安全性和能量密度具优势；产品覆盖高中低多个价位段，性价比高，市场适应性强；混动技术成熟，DM-i超级混动系统油耗低、性能好；产业链整合能力强，能有效控制成本和保障供应。

劣势：品牌在高端市场的认可度不及特斯拉，品牌形象需进一步提升；智能网联和自动驾驶技术相对特斯拉有差距；在海外市场的布局和影响力有待加强。

潜在威胁：特斯拉等竞争对手在技术和市场份额上的压力；电池原材料价格波动可能增加成本，影响利润；智能电动汽车技术快速发展，需持续投入研发以跟上潮流；面临来自新势力品牌和传统车企在新能源领域的竞争冲击。

从竞争对手方面可以看到自己的价值，而从竞争对手那里会更快地学到对自己有用的东西，对方想了很长时间的创意，我们也许只需要学习一下便能够掌握。这就说明了解你的竞争对手，能让自己成长，进而打败竞争对手，这就是所谓的知己知彼，百战不殆。

那么如何分析竞争对手呢？要重点关注以下几个方面。

（1）确定目标需求。在分析竞争对手的时候，我们的目标需求肯定是想知道其是如何做起来的，其流量渠道有哪些，订单增长趋势，订单多少，其时间发展趋势，这些就是我们的一个目标需求。

（2）获取数据。获取数据指的是获取我们所需要完成目标需求的数据。从目标需求中，我们可以知道，要获取数据有竞争对手的访客数、流量渠道的来源、每天的销量情况，以及他的时间变化趋势是怎样的。在获取这些数据的时候，你首先要知道的是从哪里去获取这些数据，这个其实不难，从生意参谋市场行情的商品店铺榜，以及竞争情报分析中基本上都可以获取到我们想要的数据。

（3）问自己一些问题，比如：

竞争对手的反应和竞争对手真正的焦点是什么？

竞争对手可能做出什么样的改变？

竞争对手的盲点和错误判断有哪些？

竞争对手对市场行动可能的反应是什么？

（4）竞争对手产品如何定价？同类产品，有的定价亲民如小米，有的高端如苹果，还有的低端、中端、高端都有如华为。根据自己的产品和同类产品同质比较的情况下，做到自己的定价参考和依据。

（5）竞争对手的主打产品是什么？无论是做什么类型的产品，都会有一个主打产品来形成爆品。比如肯德基主打是炸鸡汉堡，赛百味主打三明治，必胜客主打比萨。虽然这些品牌中也有其他产品，比如米饭套餐、意大利面，但这些都不是主打产品，所以，分析竞争对手就要分析具体哪个是主打产品。竞争产品是功能特别多还是只主打一个功能，是满足所有人，还是满足一部分人等。

当企业学会了分析竞争对手，就能够快速成长为别人的竞争对手。

机会窗口的识别与利用策略

机会窗口是指企业实际进入新市场或开展新业务的时间期限。这一概念在创业管理和市场策略中具有重要意义。机会窗口是指市场存在的发展空间具有一定的时间长度,在这一时间段内,创业者能够创立自己的企业,并获得相应的盈利与投资回报。

机会窗口为企业提供了进行战略创新的战略机遇。在机会窗口打开期间,企业可以针对市场需求进行产品或服务的创新,从而在新市场中获得竞争优势。这种创新不仅有助于企业抢占市场份额,还能为企业带来长期的盈利增长。战略创新是企业成长的重要驱动力。通过抓住机会窗口,企业可以推出新的产品或服务,满足市场需求,从而推动企业的成长。这种成长不仅体现在市场份额的增加上,还体现在企业品牌影响力、技术实力和市场竞争力等多个方面。

在面对市场波动、技术变革等不确定性因素时,战略创新能够为企业提供更多的应对策略和选择。通过抓住机会窗口进行战略创新,企业可以降低经营风险,提高应对市场变化的能力。机会窗口的打开往往伴随着产业升级的机会。企业可以通过战略创新,推动产品和服务的升级换代,提高产业的整体竞争力。这种升级不仅有助于企业保持市场领先地位,还能为整个产业的发展注入新的活力。

以下是一些机会窗口期间企业战略创新的案例:数禾科技在2023年

金融科技领域研发的多项颠覆式技术成熟并被广泛应用，为金融行业带来深远影响。打造技术中台，挖掘客户多元化潜在需求，提供交叉服务，丰富产品体系。开创RTA模型的市场获客方式，基于大量数据标签体系结合风控规则搭建市场获客模型，精确选择曝光人群。将C端业务主流程可运营化、可编排，拆分成业务原子组件，借助h5热发布技术提高业务效率。

金融壹账通的机会窗口期是产业变革进入新一轮竞速期，社会对新质生产力需求迫切，金融业也在坚定重塑自我、向外赋能。实施的战略创新是2021年提出"一体两翼"升级战略，明确以服务金融机构为"一体"，以构建政府监管和企业用户生态、拓展境外市场为"两翼"。退出一些非高价值的存量业务，如数字银行中的低价值业务，同时深耕高价值业务，如海外业务。推出数字化银行"超级大脑"产品、数字化产险线上理赔工作台等，提升产品和服务质量。吨吨桶BOTTLED JOY，抓住了水具市场有从实用性向高端社交属性转变的趋势，且潮酷水具品类尚处于创新导入期，无绝对领先品牌。企业实施的战略创新是欧赛斯帮助吨吨桶将品牌战略定位为"潮酷水具"，把"吨"字符号私有化，提出"正牌吨吨桶 认准BOTTLED JOY"的传播战略口号，还实施了坚壁清野、粉丝构建、线下布局、资产延伸、媒体投放等九大营销举措。

那么，企业如何利用机会窗口推动战略创新呢？

第一步，深入市场调研。企业需要进行深入的市场调研，了解市场需求、竞争态势和行业趋势。通过市场调研，企业可以识别出潜在的机会窗口，为战略创新提供方向。

第二步，制定创新策略。企业需要制定明确的创新策略，包括产品创新、服务创新、商业模式创新等。这些创新策略需要与企业的整体战略保持一致，以确保创新活动的有效性和可持续性。

第三步，加强技术研发。技术研发是战略创新的重要支撑。企业需要加大在技术研发方面的投入，提高自主创新能力。通过技术研发，企业可以开发出具有竞争力的新产品或服务，满足市场需求。

第四步，培养创新人才。创新人才是战略创新的关键因素。企业需要注重人才的培养和引进，建立一支具有创新精神和实践能力的团队。通过培养创新人才，企业可以不断提高自身的创新能力，抓住更多的机会窗口。

总之，机会窗口对战略创新的重要性不言而喻。企业需要抓住机会窗口，通过深入市场调研、制定创新策略、加强技术研发和培养创新人才等方式，推动战略创新，实现企业的可持续发展。

市场细分与目标市场选择

战略创新也要寻找市场细分，因为这是企业寻找市场机会的金钥匙。例如，在饮料市场上，农夫山泉、娃哈哈、王老吉、可口可乐、百事可乐等都是大公司，它们拥有很大的市场份额。然而，新创立的元气森林却像一匹黑马出现在市场上，获得了不少消费者的认可。元气森林之所以成功，就在于它找准了一个全新的细分市场，该饮料关注的领域和消费人群是关心身材、追求健康的年轻人。

例如在汽车市场，通常的细分方式是根据收入把市场细分为经济型汽车与豪华型汽车，或者根据车型把市场细分为轿车与SUV（运动型多用途汽车）。然而，在每一个细分类别之下，其实还可以进一步细分，以便更好地满足部分消费者的需要。

市场细分（Market Segmentation）是指将整个市场根据消费者需求的相似性，划分为若干个具有类似需求的消费者群的过程。通过市场细分，企业可以更精准地找到目标顾客，从而选择最有利可图的市场。目标市场（Target Market）是指企业在市场细分的基础上，选择对自己最有利的一个或多个子市场作为目标市场。选择目标市场时，企业需要综合考虑市场规模与成长潜力、竞争程度、品牌资源与能力匹配度以及盈利性等因素。

寻找细分市场和目标市场对于企业精准定位、有效营销至关重要，以下是一些常见方法。

（1）寻找细分市场，分别基于地理因素、人口因素、心理因素和行为因素进行细分。

地理因素的细分是根据消费者所处地理位置划分，如城市、农村、气候带等。如电动汽车企业可针对北方寒冷地区推出保暖续航技术优化的车型，南方多雨地区则强调车辆防水性能。基于人口因素可依据年龄、性别、收入、职业、教育程度等进行细分。运动服饰品牌可针对年轻运动爱好者推出时尚、功能性强的产品，针对老年群体设计舒适、轻便的款式。基于心理因素可按消费者生活方式、个性、价值观等进行细分。家居品牌可针对追求简约生活方式的人群，推出简约风格家具。基于行为因素可根据消费者购买行为、使用频率、品牌忠诚度等进行细分。化妆品企业可针对高频率使用化妆品的美妆达人，推出专业、高端产品。

（2）寻找目标市场，包括评估细分市场和选择目标市场。考察各细分市场规模和增长潜力，如线上教育市场近年规模不断扩大，增长潜力大。分析细分市场竞争程度，若某细分市场竞争对手众多且强大，进入难度大。还要衡量企业自身资源与能力是否与细分市场需求相匹配。选择目标市场需要无差异营销策略适用于需求共性大、市场同质性高的产品，如食盐等基础调味品企业可采用。差异性营销策略针对不同细分市场提供不同产品和服务，如大型汽车企业针对不同消费群体推出多种车型。集中性营销策略则专注于一个或少数几个细分市场，如一些小众高端定制服装品牌。最后进行市场定位与验证，明确产品或服务在目标市场中的独特定位，如主打"安全"的沃尔沃汽车。通过市场调研、试销等方式验证定位是否符合市场需求，收集反馈优化调整。

例如，可口可乐公司的市场细分按地理因素，在全球范围内划分不同市场区域，根据当地口味偏好和消费习惯推出不同产品。从人口因素细分，年龄上涵盖儿童、青少年、成年人等各个年龄段；性别上无明显区分；收入方面，产品价格定位广泛，适合不同收入层次消费者。从心理因素细分，注重生活品质、追求快乐和享受的消费者是其目标群体之一。从行为因素细分，分为经常饮用碳酸饮料的消费者、偶尔饮用的消费者以及健康意识较强的消费者等。

目标市场选择上将年轻消费者，尤其是青少年和青年人作为核心目标市场。针对这一群体，可口可乐公司推出了多种口味和包装的产品，如零度可口可乐满足健康需求，还通过赞助音乐、体育等活动，以及推出限量版包装等方式，吸引年轻消费者的关注。

拼多多的市场从地理因素细分，重点关注三、四线城市及以下地区市场，这些地区消费者对价格较为敏感，且有较大的消费潜力。从人口因素细分，主要面向中低收入群体，包括家庭主妇、老年人以及年轻的打工族等。从心理因素细分，追求性价比、注重实惠的消费者是其主要目标群体。从行为因素细分，将经常在网上购物、喜欢团购和抢购的消费者作为重点目标。

目标市场选择三、四线城市及农村市场的中低收入消费者作为目标市场，通过"团购+低价"的模式，提供大量价格低廉的商品，吸引了大量对价格敏感的消费者。同时，通过社交分享、砍价等功能，增加用户黏性和活跃度。

总之，市场细分和寻找目标市场是企业制定有效市场营销策略和战略创新的重要步骤。通过合理的市场细分和准确的目标市场选择，企业可以更加高效地运用营销资源，满足不同消费群体的需求，从而在市场中脱颖而出。

差异化战略：成本领先、差异化、聚焦

差异化战略是一种重要的企业战略，旨在通过提供与竞争对手不同的产品或服务，以满足消费者的特定需求，并在市场上建立独特的竞争优势。差异化战略，又称别具一格战略，是指为使企业产品、服务、企业形象等与竞争对手有明显的区别，以获得竞争优势而采取的战略。其核心在于创造被全行业和顾客都视为独特的产品和服务，从而使企业获得高于同行业平均水平利润的一种有效的竞争战略。

有人是这样形容差异化的：一个东西没有区别于竞争对手的差异化，就如同白羊群中的一只白羊，很难被发现。反之，差异化鲜明，则像白羊群中的一只黑羊，可谓一枝独秀。

那什么是差异化呢？《与众不同》一书中是这样描述的：差异化关乎品牌的生死存亡。消费者在众多选项中做出选择，常常是因为差异化。如

果某个品牌具有明显的差异化,且消费者能从理智上接受这种差异化,品牌就能在消费者心中留下深刻印象,所以必须给消费者一个选择你的理由。任何东西都能实现差异化,但是必须找到一个独一无二且有意义的差异点。有时品牌并没能找到真正的差异化。

竞争战略的创始人迈克尔·波特认为,在竞争激烈的产业环境中,企业要想生存和获利,就需要做出战略抉择:要么通过走"差异化"的路径,通过研发和营销策略,为其产品构筑与众不同的品牌效应;要么走"成本领先"的道路,打成本牌,通过薄利多销扩大市场份额。

在商业发达的今天看来,大部分商品卖得好、有卖点都脱离不了"差异化"。比如,曾经牙膏就是牙膏,洗发水就是洗发水。而今天,要领悟"差异化"的最绝妙方法,就是去超市的牙膏货架前,花半个小时细细地看一遍,就会发现牙膏有美白的、坚固牙周的、防敏的、防龋的,洗发水有控油的、去屑的、柔顺发质的、防脱的……这就是产品差异化策略。

例如,爱彼迎在住宿体验和个性化服务方面都进行了差异化战略营销。爱彼迎提供了与传统酒店不同的住宿选择,让旅行者能够租用他人的住宅、公寓、别墅等,体验当地的生活方式,为旅行者带来了独特的住宿体验。房东可以根据自己的喜好和特色来布置房间,提供个性化的服务,如当地旅游建议、特色美食推荐等。同时,爱彼迎平台还具有社交属性,旅行者可以与房东和其他旅行者交流互动,分享旅行经验。爱彼迎将自己定位为"分享住宿"的平台,通过各种营销活动和用户口碑传播,吸引了大量追求个性化、独特旅行体验的消费者。

亚朵酒店也是如此,从顾客进店到入住前后,提供一系列贴心服务,如奉茶、丰富的早餐和宵夜、应酬后的醒酒汤等,为商旅顾客提供了与众不同的服务体验。在产品和零售方面也进行了创新,亚朵酒店注重打造深度睡眠体验，房间隔音效果好，床上用品品质高，让顾客有"认床、认枕头"的感觉，并将这些深受顾客喜爱的床上用品等作为零售产品进行销售，通过线上线下全场景销售模式，增加了酒店的收入来源。同时进行了差异化品牌定位与文化建设，精准定位商旅顾客，以"人文、温暖、有趣"为品牌理念，在酒店空间中融入文化元素，如设立图书馆、举办文化活动等，为顾客营造了独特的文化氛围。

差异化战略是一种有效的企业战略，能够帮助企业在市场上建立独特的竞争优势，提高产品溢价，降低顾客价格敏感性，并形成进入壁垒。通过实施差异化战略，企业可以更好地满足消费者的特定需求，赢得消费者的信任和忠诚，从而在市场上取得更大的成功。

品牌定位与故事讲述

品牌定位是企业在市场定位和产品定位的基础上，对特定的品牌在文化取向及个性差异上的商业性决策，它是建立一个与目标市场有关的品牌形象的过程和结果。品牌定位是品牌全案中至关重要的一环，它能够使企业在激烈的市场竞争中脱颖而出，吸引目标受众，并与消费者建立情感联系。

做企业、做产品、做营销，想要脱颖而出，首先要找准自己的定位。定位自己的品牌风格和调性。也就是说，当用户提到这一个品类的产品能否想起你这个品牌。比方说，提起搜索，大家会想起百度；提起电脑，大家会想起联想；提起手机，大家会想起苹果。这就是所谓的品牌定位，以其占据用户心智，现在大家的选择不是不够，而是太多，所以一个品牌如果无法进入大家的心智，就很难让人想起你，更不会去购买你的产品。因此，定位非常重要。

商业模式和战略的创新离不开品牌定位，清晰的定位如同射击时的靶心，否则会使射出去的子弹没有目标。在品牌定位上，优衣库值得我们借鉴。

优衣库一度被认为是日本最具活力的公司，创始人柳井正也曾问鼎日本首富的位置。优衣库品牌定位是根本，定位准确才使这家日本公司连锁店遍地开花，且长久不衰。它的成长和壮大非常值得中国企业尤其是服装企业学习与借鉴。

首先，定位平价休闲服装。柳井正把优衣库定位于平价休闲的服装市场。他的理由是"企业要想获得大发展，就一定要面向大市场"。

当年日本经济增长率接近4%，并实现持续四年增长，此时一些日本服装企业考虑到国民消费能力增加，选择了品牌高端化。"国民服装、平价服装"的定位更是在2008年的经济危机中促成了该企业的发展，当年全球首富比尔·盖茨的资产缩水了180亿美元，日本任天堂董事长山内溥身家缩水至45亿美元，而优衣库则逆势上涨了63%，新门店遍地开花。

其次，定位混搭奢侈品。"混搭"是把不同风格、不同材质的东西，按照个人的品位拼凑在一起，打造出完全个性化的风格。

进军海外的优衣库把店开在当地繁华商业核心区，巴黎分店开业位置在最繁华的商业街，店面2 150平方米；2006年，纽约分店开业，地点在百老汇的对面，面积3 300平方米。在伦敦，三层楼的超级旗舰店开在牛津街。

通过这种方法，把自己定位于顶级奢侈品牌的混搭"配件"是很有创意的想法。柳井正曾表示:"既然可以和一流的服装品牌自由搭配,就应该在一流品牌云集的地方开店,这样才能体现出自己的特性。顾客买完了顶级的服装,出门就该来我这个'配件店'了。"

有了品牌定位还需要让品牌得到传播,最好的传播不是砸重金做广告,而是给品牌讲一个故事。

对于消费者而言,一个故事要比直白的介绍和解说更能打动人心。每一个完整的品牌故事都该包含品牌定位、品牌的细节和情怀描述,此外还可以包含对于品牌背景的赋予。给品牌讲故事可以说是一种流动且生动的情感描述。

一个好的品牌故事,不仅仅赋予这个品牌性格,同时也是向消费者传达品牌精神的重要工具。

好的品牌故事是消费者与品牌之间的"情感"切入点,赋予品牌精神内涵和灵性,使消费者受到感染或冲击,全力激发消费者的潜在购买意识,并使消费者愿意"从一而终"。

例如,1985年,海尔创始人张瑞敏让老员工亲手砸毁76台不合格的冰箱,他亲自砸了第一锤,这一事件唤醒了海尔的质量意识。让海尔成为注重产品质量的代表,树立了良好的品牌形象,如今海尔已成为中国乃至世界的白色家电巨头。还有一则德芙的品牌故事。1919年,卢森堡王室后厨帮厨莱昂与芭莎公主相爱却不能在一起,芭莎公主联姻离去后,莱昂在巧克力上刻下"dove"表达爱意,这便是德芙品牌名称的来源。通过这个凄美的爱情故事进行情感营销,使德芙深受消费者喜爱,多年来始终稳居国内巧克力行业第一位,拥有30%以上的市场占有率。

所以,讲故事要讲经历,讲细节,讲情怀。

在讲故事前,需要对自己的品牌做到绝对了解,从品牌最初的构想开始、定位、调查、分析、诞生、推广等各个环节都可以挖掘有价值的线索和内容，注意多挖掘人文元素，这些内容的准备都是后续能讲好故事的必备条件。

另外，定位自己的受众，明白买自己产品的潜在消费群体是谁，并且要在年龄、性别、兴趣爱好等方面下功夫。分析这些消费者的消费倾向和关注内容，这样才能有针对性地讲出他们喜欢的故事，以投其所好。

故事的语言和叙述风格是否与渠道的传播特点匹配，故事的呈现是做成文本、图片（漫画）、视频，还是H5，都要综合消费群体和渠道的特点考虑。

故事情节的设定，应该通过某个事件或者某个热点讲述，故事融入人的情感，适当来点情怀，来点感悟，然后在恰当的地方显露出品牌。

有些故事是品牌精心打造的，有些故事则沉淀在用户体验之中，让它们成为提升用户口碑的重要载体。用户越关注内容和产品内的故事，就越容易借助故事让用户与品牌产生更深层的情感共鸣。而将品牌及产品植入故事化营销，也随之成为众多创业者强化品牌生命力的全新选择。

创新驱动的市场进入策略

创新驱动的市场进入策略是一种基于创新思维和方法的策略，旨在通过推出新产品、新服务或新技术来开辟新的市场空间或提升市场份额。

创新驱动发展战略是中国在新时代推动经济社会高质量发展的核心战略之一。党的十八大明确提出"科技创新是提高社会生产力和综合国力的战略支撑，必须摆在国家发展全局的核心位置"，强调实施创新驱动发展战略。把创新作为引领发展的第一动力，依靠科技、管理、制度、文化等各方面创新，推动经济社会发展从要素驱动、投资驱动向创新驱动转变，通过创新实现经济质量变革、效率变革、动力变革，塑造更多依靠创新驱动、更多发挥先发优势的引领型发展。

在全球科技竞争加剧的背景下，只有依靠创新，才能突破核心技术瓶颈，在高端制造业、信息技术等关键领域占据一席之地。促使传统产业向高端化、智能化、绿色化转变，培育新产业、新业态、新模式，为经济增长注入新动力。

例如，圣湘生物是一家"创新＋服务"驱动的体外诊断企业。技术创新在呼吸道、妇幼、血源、免疫、测序等多个领域取得突破，如推出检测限最低可到500拷贝/毫升的呼吸道六联检产品，以及获批上市的乙型肝炎病毒核糖核酸检测试剂盒等。模式创新开启"互联网＋医疗"到家自检诊疗模式，构建"线上购买服务＋线下配送送检＋线上后续反馈"的闭环链路；推出融合快速检测、实时监测、精确预测多方面技术的Disease X Solution呼吸道解决方案。在平台与人才建设方面设立生命科学研究院，设置多个部门开展全场景化技术创新布局；拥有一支2 500余人的国际化人才队伍，聚集了200余名全球顶级人才和团队。

企业要依靠创新驱动进行战略发展，要依靠科技创新作为经济发展的主要动力，通过技术进步、管理创新、制度创新等全面提升经济发展的质量和效益。这一战略强调创新在国家和企业竞争力中的核心地位，旨在通过创新实现经济结构的优化和产业的升级。

以下是一些企业通过创新占领市场份额的案例：

牙膏品牌"参半"2020年推出国内首款使用口腔益生菌的漱口水，之后又将口腔益生菌添加到牙膏研发中，推出参半 SP 系列牙膏，短时间内成为全网销量第一的系列牙膏，累计销量超 1 亿支，目前已形成覆盖牙膏、牙刷、漱口水等多个类目的庞大产品矩阵。渠道方面也进行了创新，线上覆盖淘宝、京东、抖音等各类电商平台，多次成为抖音平台口腔行业 TOP1 品牌；线下进驻 Costco、胖东来、永辉超市等众多线下渠道，覆盖全国 1 000 座城市，终端网点数达 50 万。在 2023 年第三季度至 2024 年第一季度中国线上牙膏市场份额排名中跃居第一位，市场份额达 8.5%。

钧崴电子的技术创新，掌握层压贴合技术、薄膜溅镀技术等各生产环节的核心技术，在低电阻率合金材料的开发方面取得进展，能提供高精度、低电阻值等高性能的电流感测精密电阻，是全球少数能生产全系列电流感测精密电阻的企业。积极开拓产品应用场景，产品广泛应用于智能手机、新能源汽车等众多领域，进入零跑汽车、比亚迪、英伟达等企业的供应链体系。最终达成的市场效果是其电流感测精密电阻从 2022 年全球市场排第四、市场份额 7.72%，提升至 2023 年的全球第三、市场份额 7.86%。

安克创新，注重产品创新和技术研发，在充电速度、安全性、便携性等方面不断突破，推出的产品性能出色，满足了消费者在电子设备充电等方面的需求。充分利用跨境电商平台如亚马逊、速卖通等进行销售，同时自建网站等渠道进行品牌展示和销售，实现了销售渠道的多元化。在欧洲 USB 插座充电器市场中，与 Belkin 和 Philips 等品牌共同占据了约 30% 的市场份额。美国个性化笔记本创业公司，针对 Z 时代年轻消费者，主打个性化定制纸质文具产品，提供超过 200 款精美的笔记本，打破传统纸质笔记本同质化严重的困境。采用联名营销、与社交媒体和 KOL 合作等多渠道营销方式，将艺术设计融入产品；还采用 OTC 营销模式，砍去所有中间商，增加用户黏性。老客户复购率达到60%，公司销售额60%源于用户的复购，成功融资6 500万美元。

创新驱动的市场进入策略需要企业持续投入研发、深入了解客户需求、推动开放式创新和技术融合应用等多方面的努力。同时，政府和社会各界也应加强支持和引导，共同推动创新驱动发展战略的实施。

消费品战略三大终极课题

消费品战略是一个涵盖多个方面的综合性策略，旨在帮助消费品企业在竞争激烈的市场环境中取得成功。新时代的竞争不仅来自内部，也来源于其他相关行业或非相关行业。例如，出租车行业的竞争来自UBER等共享车平台，酒店业竞争来自Airbnb等平台。很多消费品竞争将从功能价值（科技、工艺、原料、外观设计等）、心理情绪价值等方面，实施差异化竞争。比如，食品饮料行业兴起了健康革命，出现了主打"0糖、0卡、0脂"的元气森林、东方树叶等品牌；农产品行业则出现了按日本严控标准生产的黄天鹅可生食鸡蛋。

竞争战略和战术也发生了变化，竞争战略产品的市场定位包括低端、中端、中高端、高端产品系列，需要采取综合的竞争战略。对低端和中端产品来说，很多消费品企业采取总成本领先的战略。对中高端、高端产品来说，关键是要实现商品综合价值提升，获得市场定价权上限。关于竞争的战略战术，有防御战、进攻战、侧翼战、游击战，企业需要针对不同的市场地位和资源禀赋来实施。例如，互联网行业天猫主打封杀品类，京东定位差异化"多快好省",唯品会垂直定位,拼多多主打社交电商。

现代防御战是被动的,只有不断地自我进攻,企业才能维持龙头第一的地位。未来,企业必须在内部培养竞争机制,模拟市场的动态,以确保不会在真正的市场竞争中败下阵来。例如,腾讯通过鼓励内部竞争,成功推出了微信。不同品类的消费品在不同行业生命周期,可能都应该采取不同的组织创新,组织要不断适应市场竞争的变革。消费品企业必须实施创新,包括组织创新,才能聚焦市场、创造价值、获取客户。

消费品战略的三大终极课题包括行业端、市场端和产业链特征。行业的集中和供需决定了竞争集中度,产业链特征决定了竞争激烈度和寡头形成的难易程度。

图6-2 消费品三大战略

供需关系是行业端的核心推动力量。行业集中度受需求集中度和供给集中度两大因素影响。当一个产品的需求、供给都很容易被集中时,行业的集中度就会很高,反之则低。例如,由于需求多样化很难集中,餐饮、个护、化妆品、时尚女装等行业的集中度较低。进入门槛低的供给端难集中,因进入门槛低,新进入者将不断涌现,如新食品、新饮料、新餐饮、新化妆品等,将导致行业处于激烈竞争格局。扩张难度大的供给难集中,如餐馆扩张难度大,因此供给难集中,且属于多样化需求行业,因此行业集中度不高。

市场端是企业的核心竞争力（即护城河）包含无形资产、成本优势、规模效应、转换成本、网络效应。行业的竞争壁垒越难建立，行业的竞争格局就越容易分散。反之，行业竞争壁垒越容易建立，则越容易集中。消费品的无形资产主要是品牌，其壁垒要比其他几个重要得多。因此，经过行业导入期、快速成长期后的发展，消费品在成熟期一般都容易形成比较稳定的竞争格局，如乳品行业、饮料行业的双寡头格局等。

产业链也起关键作用，行业的供应链越短、价值链越短，越容易导致行业集中，出现寡头企业。消费品如食品、饮料、乳品等行业，属于供应链短、价值链短的行业。上游的原材料供应基本差异化不强，中游生产、下游渠道销售，行业容易出寡头企业。如乳品业的伊利、蒙牛，可乐行业的可口可乐和百事可乐，啤酒行业的青岛、华润、燕京啤酒。

消费品市场趋势也在发生改变，一些耐用消费品频次化、中频次消费品快消化、快消品品类快速细分化及应用场景多元化。

所以，在竞争激烈的市场环境下，消费品战略需要产品具有特色创新，品牌占领消费者心智，在数字化时代，流量是消费品企业获取客户和销售额的重要途径。通过优化线上渠道、社交媒体营销、内容营销等方式，企业可以提高产品曝光度和销售量。消费品战略的实施需要从多个方面入手，包括战略思维解构、竞争格局分析、市场趋势把握以及战略高地占领等。通过制订和实施科学的战略计划，消费品企业可以在竞争激烈的市场环境中取得成功。

第7章
数字化转型与技术创新

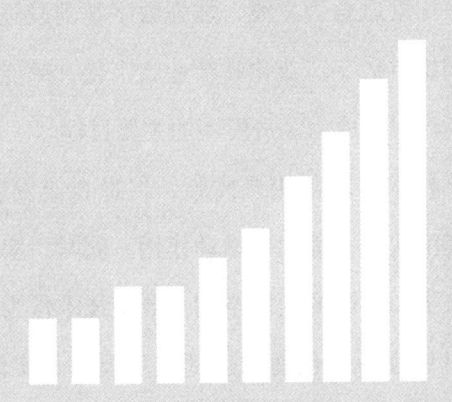

数字化转型的必然趋势与影响

实体经济是创造财富、保障和改善民生的物质基础。近年来，随着数字科技的发展，实体经济面临着前所未有的挑战，不少企业主和创业者纷纷感叹生意难做。数字经济与实体经济深度融合是经济高质量发展的内在要求之一。数字经济与实体经济的融合趋势与模式是当前经济发展的重要议题。

《"十四五"数字经济发展规划》提出：立足新发展阶段，贯彻新发展理念，构建新发展格局，推动高质量发展，数据为关键要素，数字技术与实体经济深度融合为主线，加强数字基础设施建设，完善数字经济治理体系，协同推进数字产业化和产业数字化，赋能传统产业转型升级，培育新业态、新模式将成为经济发展的主要目标。

数字技术在改善用户体验，促进企业发展转型，优化产业结构和增加国家经济实力方面起到推动作用。同时，实体经济的应用需求也给数字技术带来更加广阔的发展空间。数字技术作为通用技术，赋能传统经济实现智能升级和融合创新，达到数字技术与实体经济的共创共生，相互融合，彼此促进，实现新时代生产要素的结合，从而真正实现经济的高质量发展。

在融合模式方面，数字经济与实体经济的融合不断深化，形成了"数字产业化"和"产业数字化"的双向互动。一方面，数字技术本身在不断发展壮大，形成了独立的产业体系；另一方面，传统产业通过数字技术的应用，实现了生产流程、管理模式的全面升级。

数字产业化的具体表现是数字经济和实体经济深度融合的重要技术来源和产业阵地。通过加快数字技术的创新和应用，推动数字产业向高端化、智能化、绿色化方向发展，形成具有国际竞争力的数字产业集群。例如，国有企业招商局集团打造了招商如影数字员工平台，该平台利用人工智能、大数据等技术，为企业提供全面的数字化员工服务，如智能客服、自动化办公等，提高了企业的运营效率和管理水平。国网福建电力公司通过数字化转型提升电力行业的效益和服务质量，利用数字技术优化成本结构，提高成本控制能力，同时提升电力服务的质量和效率。

产业数字化还催生了新产业新业态新模式，为经济发展注入了新动能。涵盖了制造业、农业、零售业、金融业、医疗健康、教育等多个领域。例如长沙产业园18号厂房打造"灯塔工厂"样本工程，通过引入物联网、大数据分析、人工智能等技术，实现生产过程的智能化和自动化。农业产业数字化通过应用无人机、大数据分析等技术，实现农业生产的智能化和精细化管理。例如，农民可以通过无人机巡查农田，及时发现病虫害情况；通过大数据分析预测农作物的生长情况，从而进行精准施肥、灌溉作业。零售业数字化通过建立电子商务平台、实施智能供应链管理等手段，实现线上线下无缝连接。金融业数字化通过引入云计算、区块链等技术，实现金融交易的快速、安全、便捷。例如，移动支付、网上银行等数字化金融服务已经成为人们日常生活的一部分。医疗健康数字化通过建立电子病历、智能医疗设备等手段，实现医疗资源的共享和优化。例如，患者可以通过在线平台预约医生、查看诊断结果；医院可以通过智能医疗设备实时监测患者的健康状况。教育数字化，通过引入在线教育平台、智能教学工具等手段，实现教育资源的共享和个性化教育等。

```
        物联网
       数字化营销
        大数据
        人工智能
```

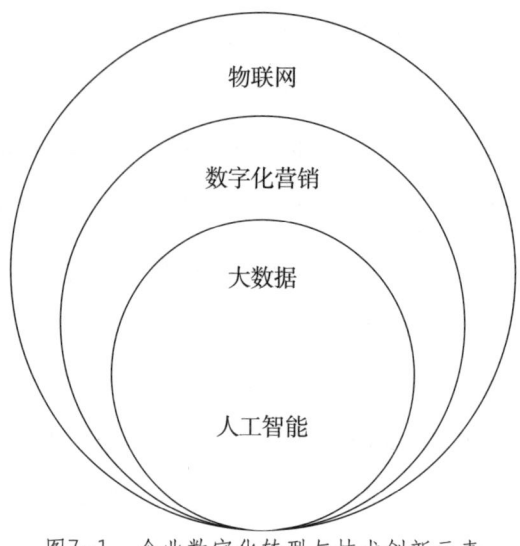

图7-1　企业数字化转型与技术创新元素

数字化转型是企业应对市场变化、提高运营效率、激发创新活力、应对未来发展趋势的必由之路。数字化转型的本质在于利用数字技术对企业进行全面重塑，以实现企业价值最大化。

数字化转型对企业战略发展的推动作用是多方面的，具体体现在以下几个方面。

（1）提升经济效率和生产力。数字技术的应用使实体经济实现数字化和智能化，提升了生产效率和产品质量。例如，智能制造通过引入大数据、人工智能等技术，实现生产过程的智能化和精细化，降低了成本，提高了效率。数字技术能够优化资源配置，提高资源利用效率。通过数据分析，企业可以更精准地了解市场需求，合理安排生产计划，减少资源浪费。

（2）催生新产业和新业态。数实共生催生了大量新产业和新业态，如共享经济、远程医疗、智能制造等。这些新业态不仅丰富了经济形态，也为经济增长提供了新的动力。数字技术的广泛应用促进了传统产业的转型升级,推动了产业结构向高端化、智能化、绿色化方向发展。

(3)增强经济韧性和抗风险能力。数字技术的应用使企业能够更灵活地应对市场变化,快速调整生产计划和经营策略。这种灵活性有助于企业更好地适应复杂多变的市场环境。数字技术可以优化供应链管理,提高供应链的透明度和可追溯性,降低供应链中断的风险。同时,通过数字化手段加强供应链协同,提高供应链的整体效率和韧性。

(4)推动经济高质量发展。数实共生推动了经济发展从要素驱动向创新驱动转变。数字技术的不断创新和应用为经济增长提供了新的动力源泉。数字技术的应用有助于提升产品和服务的质量,满足消费者日益增长的多样化、个性化需求。同时,数字技术还能够降低能耗和排放,促进绿色低碳发展。

(5)促进就业和人才培养。数实共生的发展创造了大量新的就业机会,包括数字技术研发、数据分析、智能制造等领域。这些新岗位为劳动者提供了更多的职业选择和发展空间。数字技术的发展对人才提出了更高的要求。为了适应这一变化,企业需要加强人才培养和引进工作,提升员工的数字技能和创新能力。

(6)优化经济结构和布局。数字技术的应用有助于打破地域限制,促进资源在更大范围内的优化配置。这有助于推动区域协调发展,缩小地区差距。数字技术的广泛应用促进了产业向更高层次、更广阔领域的发展。同时,随着数字技术的普及和应用成本的降低,一些传统产业可能会向更具成本优势的地区转移。

(7)增强企业竞争力,提升国家经济实力。数实共生有助于企业构建线上线下相结合的数字化转型体系,推动企业从"人为主管决策"转变为

"数据驱动决策",提升决策效率和响应速度。通过数字化转型,企业可以更加精准地把握市场需求,优化产品和服务,提升用户体验,从而推动商业模型的完善。数实共生有助于提升国家在全球产业链和价值链中的地位,增强国家经济实力和综合国力。通过数字化转型,企业可以更加高效地利用资源,减少浪费和污染,推动经济社会的可持续发展。

技术创新在商业模式与战略中的应用

技术创新在商业模式与战略中的应用是广泛而深远的,它不仅推动了商业模式的变革,还为企业战略的发展提供了强大的动力。

一般技术创新在商业模式中的应用有以下几个方面。

(1)推动数字化转型。随着信息技术的飞速发展,数字化已经成为商业运作的重要趋势。云计算、大数据分析和物联网等新技术使企业可以更加高效地收集、分析和利用数据,实现商业运作的数字化转型。例如,电商平台通过搭建在线交易市场,利用大数据分析和个性化推荐算法,实现了商品和服务的快速交易和精准营销,极大地改变了传统零售业的商业模式。

(2)催生新的商业模式。技术创新不断催生新的商业模式,如共享经济、订阅服务等。这些新的商业模式为企业提供了更多的选择和机会,推动了商业模式的创新和多元化。共享经济模式通过科技平台将资源进行共享,实现了新的商业模式和服务模式。例如,共享单车、共享办公空间等改变了传统的所有权观念,为人们提供了更加便捷、经济和灵活的解决方案。订阅服务模式则让用户享受到更加个性化和便捷的服务，如音乐和视频流媒体平台。

（3）促进跨界合作。科技创新为跨界合作提供了技术基础和工具支持，使不同行业的企业可以共同创造价值。例如，智能手机和汽车制造商的合作，将移动互联网技术与汽车相结合，推动了智能汽车的发展。这种跨界合作不仅为企业带来了新的商机和竞争优势，也为消费者提供了更加智能和便捷的出行方式。

（4）平台化与共享化。构建双边或多边平台，连接不同的利益相关者，促进供需匹配和价值创造。如阿里巴巴、天猫平台连接了商家和消费者，腾讯的微信平台连接了个人用户、企业和开发者。通过数字平台实现闲置资源的共享和利用，提高资源利用率，降低成本。如共享单车、共享汽车、共享办公等模式，皆得益于数字技术带来的便利。

不少企业已经开始积极利用数字技术进行商业模式和战略的创新。

亚马逊利用大数据和人工智能技术，根据用户的浏览历史、购买行为等数据，为用户提供个性化的产品推荐，提高用户购买转化率。云计算服务拓展：推出亚马逊网络服务（AWS），为企业提供云计算基础设施、平台和应用程序服务，从电商业务拓展到云计算领域，创造了新的收入增长点。

兴业太古汇构建多平台新媒体矩阵，通过小红书等平台进行线上打卡内容生成和话题营造，引导消费者线下体验，再以线下到达反哺线上传播，形成数字营销闭环。运用裸眼3D、AR等技术，创新消费体验，如推出《消失的法老》亚洲首展，打造独特的文化消费场景；通过AR技术将线上礼遇与购物中心实体融合，提升消费者的参与感和兴趣。

绝味食品从线下门店扩展到全渠道覆盖，打通全网全平台数据，通过对数据的洞察和分析，捕捉消费者需求变化和消费习惯，指导供应链进行新品研发、品质管控和仓储调运，并实施全渠道整合营销。共创零售连锁 AI 垂直大模型：与腾讯合作共创零售连锁 AI 垂直大模型，打造 AI 智体"小火鸭"，赋能万店店长，提升门店运营效率和服务质量，实现经营能力增长。

饿了么针对老年群体的养老餐需求，推出了"助老 e 餐"数字化社区服务新模式。饿了么围绕订餐服务、补贴核销、餐食配送等环节进行数字化系统对接，打造政企合作、数字基座以及蓝骑士"社区侠"体系。通过建设社区服务生态伙伴体系，涵盖社工、商家、骑手、公益组织等，为老年群体提供更加便捷、安全的用餐服务。在 2024 数字经济论坛上，饿了么"助老 e 餐"数字化社区服务新模式入选"2024 数字经济创新案例"，展示了数字技术在提升社区服务质量、促进老龄化社会建设方面的积极作用。

所以，以前的管理靠经验，未来的管理靠数据，靠数字技术。数字技术应用得好，不仅可以帮助企业找出宏观规律，还能帮助企业掌控每一个细节。数字技术赋能商业模式不是选择而是必由之路。

人工智能、大数据、区块链等新兴技术落地

新兴技术也可以称为数字化技术，这些技术随着数字化时代的到来也开始被人们广泛关注和应用。

数字化技术是一个广泛的概念，涵盖了多个领域和技术类型，以下是

一些主要的数字化技术。

（1）大数据技术通过传感器、网络爬虫、日志记录等多种方式，从各种来源收集海量数据，包括结构化数据、半结构化数据和非结构化数据。利用分布式文件系统、数据仓库、NoSQL 数据库等技术，对大量数据进行高效存储和管理。运用数据挖掘、机器学习算法等，对数据进行分析和挖掘，提取有价值的信息和知识，为决策提供支持。

例如，今日头条个性化推荐，通过收集用户的浏览历史、点赞、评论等行为数据，利用大数据分析和机器学习算法，为用户提供个性化的新闻推荐，提高用户的阅读体验和黏性。银行风险评估，招商银行利用大数据技术收集客户的基本信息、交易记录、信用记录等多维度数据，通过建立风险评估模型，对客户的信用风险、欺诈风险等进行精准评估，为银行的信贷决策和风险管理提供有力支持。

（2）人工智能技术。让计算机通过数据学习规律，自动进行分类、预测、决策等任务，包括监督学习、无监督学习、强化学习等算法。使计算机能够理解、处理和生成人类语言，如机器翻译、智能客服、语音识别与合成等。赋予计算机"看"的能力，进行图像识别、目标检测、图像分割、视频分析等，应用于安防监控、自动驾驶等领域。例如，人工智能用于医疗影像诊断，GE 医疗的人工智能影像诊断系统，通过深度学习算法对大量的医学影像进行分析和学习，能够快速、准确地识别出肿瘤、结节等病变，辅助医生进行诊断，提高诊断的效率和准确性。很多电商平台开始采用人工智能客服，例如阿里巴巴的智能客服"阿里小蜜"，利用自然语言处理技术理解用户的问题，并快速给出准确的回答，能够处理大量的用户咨询，减轻人工客服的压力，提高客户服务的效率和质量。

（3）云计算技术。提供计算、存储、网络等基础硬件资源的云服务，用户可以按需租用服务器、存储空间等。在 IaaS 基础上，提供应用开发、测试、部署等平台环境和工具，帮助用户快速开发和运行应用程序。服务方面直接向用户提供软件应用程序服务，用户通过互联网访问和使用软件，无须安装和维护本地软件。

（4）物联网技术。由各种传感器和执行器组成，用于采集物理世界的信息，如温度、湿度、光照、位置等数据，并根据指令进行相应的操作。网络层负责将感知层采集的数据传输到云平台或其他处理中心，包括有线网络和无线网络技术，如 5G、NB-IoT 等。应用层基于感知数据和网络传输，开发各种物联网应用，实现设备管理、远程监控、智能控制等功能。例如，物联网用于智能家居系统。小米智能家居生态系统，通过将智能门锁、摄像头、传感器、家电等设备连接到物联网平台，用户可以通过手机 App 远程控制这些设备，实现智能化的家居管理，如远程开关灯、调节温度、查看监控等。物联网智能抄表，国家电网的智能电表项目，利用物联网技术将电表与电网连接起来，实现对电表数据的实时采集和传输，取代了传统的人工抄表方式，提高了抄表的准确性和效率，同时也方便了电力公司对用电数据的分析和管理。

（5）区块链技术，数据以分布式存储在多个节点上，每个节点都拥有完整的账本副本，保证数据的安全性和不可篡改。使用哈希算法、数字签名等加密技术，确保数据的隐私性和完整性，以及交易的安全性和可追溯性。智能合约是一种自动执行的合约，当满足预设条件时，合约中的条款会自动执行，无须第三方干预，可应用于供应链金融、溯源等领域。

例如，区块链技术应用于跨境支付时，招商银行的区块链直联跨境支付项目，利用区块链技术实现了跨境支付的快速、安全和低成本。通过区块链网络，银行之间可以直接进行交易，无须通过中间代理行，缩短了交易流程，降低了交易成本，提高了交易的透明度和可追溯性。应用在版权保护，国内的"纸贵科技"利用区块链技术为版权所有者提供版权登记、存证和交易服务。将版权信息记录在区块链上，实现了版权的不可篡改和可追溯，确保了版权所有者的权益，同时也为版权交易提供了一个安全、透明的平台。

（6）移动互联网5G技术。移动终端技术：包括智能手机、平板电脑等移动设备的硬件技术和操作系统，为用户提供便捷的移动计算和通信功能。移动应用开发技术如Android、iOS，用于开发各种移动应用程序，满足用户在社交、娱乐、办公、购物等方面的需求。移动网络技术如4G、5G等无线通信技术，为移动设备提供高速、稳定的网络连接，支持数据传输和实时通信。

人工智能、大数据、区块链、物联网、移动5G等数字化技术的有机结合，成为一个类似人体的智慧体。互联网、移动互联网以及物联网类似神经系统，大数据是五脏六腑、皮肤以及器官，云计算相当于脊梁。有了网络和大数据做神经系统，配以其他技术的参与，基础的数字化平台就形成了。区块链技术既有类似人体遗传了几万年的不可篡改、可追溯的基因特性，又有类似人体基因的去中心的分布式特性。就像更先进的"基因改造技术"，从基础层面大幅提升了大脑反应速度、骨骼健壮程度、四肢操控灵活性。在区块链技术的帮助下，数字化平台的基础功能和应用将得到颠覆性改造，进而对经济社会产生更强大的推动力。

所以，商业模式和战略创新离不开这些新型数字技术的加持，有了这些技术能够打破地域限制连接多元市场、促进资源的整合与协同、精准洞察用户行为和实时监测市场。最终形成网络效应提升创新能力，构建起强大的技术和服务的竞争壁垒。

数字化转型的实施路径与风险管理

任何一个新生事物的出现，都是在解决问题的过程中不断壮大起来的。数字化转型也是如此，我国数字经济规模虽稳居全球第二，但整体上数字化技术和实业融合程度还比较低，发展还不平衡，企业数字化转型成本比较高。根据《中国数字经济发展白皮书》，2021年我国第一、第二、第三产业的数字经济渗透率分别达到了9.7%、22.4%和43.3%，较2020年分别提高了0.8、1.4和2.6个百分点，但是第一、第二产业数实融合程度较低且增速明显慢于第三产业，这将极大地影响劳动生产率的提高。另外，我国企业数字化转型程度明显滞后于发达国家水平。《全球数字经济白皮书（2022年）》显示，全球一、二、三次的产业数字化水平最高分别超过30%、40%、60%，我国三次产业数字经济渗透率与发达国家差距较大，即使数字化程度最高的第三产业也低于发达国家平均水平7~8个百分点。所以，在推进数字化转型的过程中，既要寻找可落地的路径，也需要规避风险。

现在企业可以划分为两类，传统企业和数字化企业，两类企业在业务模式、组织结构、技术应用、文化氛围等多个方面存在不同。如何进行数字化转型，有什么具体路径可参考呢？

第一，明确数字化转型的战略目标，将数字化转型视为企业发展的核心战略之一。设计清晰、可量化的转型目标，确保转型方向与企业整体发展战略相切合。认清自己是属于传统企业还是数字企业,有的企业起步就是数字化起家,例如美团、特斯拉、阿里巴巴等,它们都具备数字化企业的基因,这样的企业转型更多是在数字领域的深耕。

第二,推动业务模式的创新,探索新的业务模式,如电商平台、共享经济等,拓宽企业的业务边界。利用数字技术优化供应链管理和库存管理,降低运营成本和提高市场响应速度。

第三,企业的数字化转型不是一朝一夕的事情,不是管理者去听一堂课,或者上一套系统、一套软件,做一个电视大屏所能解决的。尽管有的企业认为数字化迫在眉睫,但每个企业家、高管都应该明白,数字化的建设是一个长期的过程,它不是上个数字系统就完成了,也不是购买几台高科技设备的事,而是一个涉及组织变革、管理变革、流程变革的长期过程。

第四,要有全员意识,数字化是企业飞速发展的契机,不是空喊口号,优化几个流程就能实现的,必须是自上而下、全员联动,有结果交付的一个系列行为。企业一是要进行战略设定,领导层要达成共识,制定企业的战略方向,包括组织架构、权力设计、创新机制等,只有顶层设计好,下面才好干事;二是契机,要改进和优化核心任务,围绕核心任务打造数字化平台,设计产品的服务创新;三是落地,要不断完善企业的信息化,在场景突破、运营突破、模式突破上构建飞轮模型,使其不断滚动起来,同时要培养数字化领导力的人才,增强企业的洞察能力、突破能力。

第五,要重视合作与生态层面的进化,比如加强与外部机构的合作,与科研机构、高校等建立产学研合作关系,共同推进数字化技术研发和应用。与行业内的领军企业建立战略合作关系,共同打造数字化生态体系。积极参与行业内的数字化标准制定和合作交流活动。利用行业数字化平台资源推动自身数字化转型和产业升级。

虽然数字化转型是每个企业必须面对的趋势,但在实施数字化转型的过程中依然要规避一定的风险。

在企业数字化转型过程中会面临多种风险,以下是一些规避风险的措施。

(1)战略规划风险规避。需要先调研分析,然后再制定灵活战略。企业在启动数字化转型前,要全面了解行业数字化趋势、竞争对手的转型举措及自身业务状况、资源和能力,如通过市场报告、行业研讨会等途径获取信息,确保转型战略切合行业发展与自身需求。数字化环境变化快,战略应具有灵活性和可调整性,设置阶段性目标和评估节点,根据市场变化、技术发展及企业内部情况及时优化调整。

(2)技术风险规避。成立专业评估团队,对市场上的相关技术进行全面评估,考虑技术的成熟度、稳定性、可扩展性、与现有系统的兼容性等因素。同时,参考其他企业的应用案例和经验,降低技术选型失误风险。关注技术发展动态,提前进行技术储备,定期对企业的技术架构和系统进行评估和升级,确保技术的先进性和适用性。

(3)数据风险规避。建立完善的数据安全管理制度,明确数据访问权限、操作规范和安全责任。采用数据加密、身份认证、访问控制、数据备份与恢复等技术手段,保障数据的保密性、完整性和可用性。建立数据质量管理机制,从数据源头抓起,规范数据录入、处理和存储流程,进行数据清洗、校验和审核,确保数据的准确性、完整性和一致性。

(4)人员风险规避。制订全面的人才培养计划,通过内部培训、外部学习、实践项目等方式,提升员工的数字化技能和素养。同时,积极引进数字化专业人才,充实转型团队。在转型过程中,加强与员工的沟通,让员工了解转型的目标、意义和步骤,及时解答员工的疑问和顾虑。建立激励机制,对积极参与转型、为转型做出贡献的员工给予奖励,提高员工的积极性和主动性。

(5)资金风险规避。在转型前,制订详细的预算计划,对各项数字化项目的成本进行合理估算,包括硬件设备采购、软件研发、人员培训、运维等费用。在项目实施过程中,建立严格的预算监控机制,定期对项目成本进行核算和分析,及时发现并纠正超支问题。为保障转型资金的充足,企业可以通过多元化的方式筹集资金,如争取银行贷款、引入战略投资者、发行债券等,确保有足够的资金支持数字化转型。

从O2O到元宇宙

数字技术从萌生到成熟,经历了好多阶段,从O2O(线上到线下)到元宇宙,我们看到了信息技术对商业模式和生活方式的深刻影响。

O2O模式,即将线下的商业机会与互联网结合,让互联网成为线下交易的前台。这一模式打破了传统商业的时空限制,使消费者可以随时随地通过线上平台了解、选购商品或服务,并享受线下的体验和服务。O2O模式在农业领域的应用尤为显著,农业O2O将线下的丰富农业资源与线上的便捷电子商务平台无缝对接,为消费者带来从选购、体验、配送到售后服务的一站式便捷体验。未来不但线上线下融合成为趋势,元宇宙也会成为企业变革商业模式重要的参照和接入。

元宇宙是一个平行于现实世界的虚拟空间,融合了多种新技术,如增强现实（AR）、虚拟现实（VR）、混合现实（MR）、区块链、人工智能（AI）等，为用户提供了一个充满无限可能性的数字世界。

基于O2O的创新基础，进一步打破O2O模式下线上线下的界限，利用技术手段实现商品库存、会员信息、服务体验的全面同步。如消费者在线上浏览商品后可选择到线下门店取货或享受线下售后服务，线下门店通过智能设备引导消费者在线上进行二次购买或参与线上互动活动。利用O2O积累的用户数据，通过大数据分析和人工智能技术，深入了解消费者的偏好、购买习惯等，进行精准的个性化营销。比如根据用户过往消费记录，推送符合其兴趣的商品或服务优惠信息。

向元宇宙过渡的创新策略，构建元宇宙场景化体验，品牌可以在元宇宙中创建虚拟门店、展厅或活动空间，让用户以虚拟化身的形式进入其中，自由浏览商品、参加新品发布会等。如耐克在元宇宙中推出虚拟运动鞋商店，用户可试穿和购买虚拟鞋类产品，还能用于其虚拟化身在元宇宙中的穿搭。在元宇宙中，企业可以将产品或服务转化为数字资产进行销售，如虚拟服装、道具、艺术品等。这些数字资产具有唯一性和稀缺性，可通过区块链技术进行确权和交易。提供虚拟社交与互动服务：打造元宇宙社交平台，提供虚拟聚会、会议、演唱会等社交互动服务，吸引用户参与。如知名歌手在元宇宙中举办虚拟演唱会，粉丝们以虚拟化身参加，在虚拟空间中互动交流，企业通过门票销售、虚拟礼物打赏等方式实现盈利。将元宇宙中的虚拟体验与现实世界的消费行为相结合，推出虚实融合的营销活动。如用户在元宇宙中完成特定任务可获得现实世界中的优惠券或实物奖品，现实世界中的消费行为也能在元宇宙中获得相应的虚拟奖励或权益，激励用户在虚实两个世界中频繁互动和消费。

O2O和元宇宙可以通过以下多种方式相互促进和融合：技术层面能够

实现数据共享与互通，O2O 模式积累了大量用户消费习惯、偏好等数据，可用于元宇宙中构建更精准的用户画像和虚拟场景。元宇宙中的用户行为数据也能反馈到 O2O 平台，帮助优化线下服务和产品推荐。O2O 中的定位技术、支付技术等可应用于元宇宙，提升用户在元宇宙中的消费体验。元宇宙中的 3D 建模、人工智能交互等技术也能为 O2O 的线上平台带来更丰富的展示和互动形式，如虚拟试衣、虚拟看房等。

业务层面线下体验线上延伸至元宇宙，线下商家在 O2O 基础上，在元宇宙中创建虚拟店铺，用户在实地体验后可在元宇宙中继续了解产品信息，与品牌互动。如家居店让用户在元宇宙中根据线下看过的家具进行虚拟空间布置。利用元宇宙的沉浸式体验进行营销活动，吸引用户参与，引导其到 O2O 平台进行消费。如在元宇宙中举办新品发布会，设置链接引导用户到 O2O 平台购买产品。打通 O2O 和元宇宙的会员体系，用户在两边的消费和互动行为都能积累积分、获取权益，享受线上线下一体化的会员服务。

用户体验层面，能够无缝切换场景体验，共创体验内容。用户可在 O2O 的线上线下场景与元宇宙的虚拟场景之间自由切换，享受连贯的服务。如在线下餐厅用餐时，可通过手机进入元宇宙中的餐厅专属空间，与其他用户互动或参与餐厅举办的虚拟活动。鼓励用户在 O2O 场景和元宇宙中进行内容创作和分享，如用户在 O2O 平台上分享线下活动照片，在元宇宙中创作虚拟场景体验并分享，增强用户的参与感和忠诚度。

以下是几个 O2O 和元宇宙相互促进和融合的案例。

农业领域，有了虚拟农场体验与农产品销售，在农业 O2O 与元宇宙结合的模式中，消费者可以在元宇宙中参观虚拟农场，感受农产品的生长环境和种植过程，增强对农产品的信任和购买欲望，进而在线下或 O2O 平台购买相关农产品。利用元宇宙构建农产品溯源系统，消费者通过O2O平台购买农产品时，扫描二维码就能在元宇宙中查看农产品的生长环境、生产过程和质量检测等信息。

家居领域，LUCENT LIFE打造全球O2O创意家居平台，在不同国家设立城市展厅，并融入元宇宙虚拟现实技术。消费者不仅可以在线下展厅体验产品，还能在虚拟现实中漫游各种家居场景，感受产品外观和质感，进行个性化定制，然后通过O2O平台下单购买。

零食消费领域，趣拿打造"新消费元宇宙"，在99趣拿节中设置元宇宙虚拟空间，包括"明星店""品牌店""梦想小店"。用户可在虚拟世界中定制梦想零食专店，沉浸式体验真实创业。趣拿还依托智能算法大数据产品，打造"线上+线下"消费闭环，将元宇宙中的线上店铺"复制"到现实中，消费者在线下能体验到带有品牌特性标识的场景化布置和创意人机交互应用，实现品牌与消费者的深度互动。

未来的商业模式既离不开线上线下的继续结合，又要借助新的科技手段，诸如AI打造下的元宇宙，随着元宇宙和AI技术的日益精进和应用领域的快速开拓，各种新场景和新体验正在层出不穷，也会给企业商业模式和战略创新带来更深层次的发展。

第8章
组织文化与创新能力

企业文化对创新能力的影响

当讲到战略创新时,一定不能绕开企业文化,它对企业的重要性是难以被忽视的。企业文化作为组织内部共有的价值观、信念和行为规范,深刻影响着企业的管理风格和员工的行为模式,从而对战略创新产生重要影响。

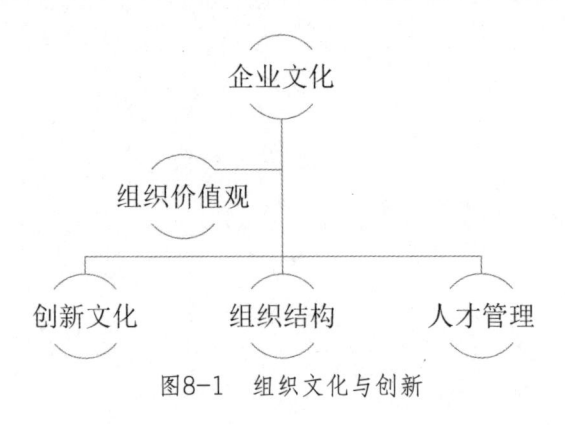

```
            企业文化
               │
            组织价值观
               │
    ┌──────────┼──────────┐
  创新文化   组织结构    人才管理
```

图8-1　组织文化与创新

企业文化可以为企业战略创新提供明确的方向和价值导向。当企业文化强调创新、鼓励尝试和容忍失败时,员工会更加愿意投身于创新活动,积极寻求新的解决方案和商业模式。这种文化氛围能够激发员工的创新思维,推动企业不断向前发展。

共同的企业文化可以增强员工的归属感和认同感,激发员工的积极性和创造力。在一个强调创新的企业文化环境中,员工更有可能积极参与创新项目,并通过协作实现共同目标。这种团队协作和共同努力的精神,能够为企业战略创新提供源源不断的动力。

企业文化在战略创新实施过程中发挥着重要的推动作用。它能够帮助员工更好地理解创新战略的目标和意义，增强员工对创新战略的认同感和责任感。同时，企业文化还能够促进组织内部的沟通与协调，确保创新战略能够得到有效执行。在一个开放、透明的企业文化中，信息传递更加顺畅，员工之间的沟通更加频繁，这有助于创新战略的顺利实施。

当企业文化鼓励创新、倡导开放和包容时，员工会更加愿意分享自己的想法和创意，形成积极向上的创新氛围。这种氛围能够激发员工的创新潜能，推动企业不断推出新的产品和服务，从而在市场竞争中保持领先地位。当企业文化强调创新、尊重人才和提供发展机会时，会吸引更多具有创新思维和创新能力的人才加入企业。这些人才的加入能够为企业战略创新提供更多的智力支持和人才保障，推动企业不断实现新的突破和发展。

优秀的企业靠的不仅仅是商业模式，更是文化战略。例如，松下作为全球知名的电子企业，其企业文化在多方面对企业成功产生了深远的影响。松下强调"自来水哲学"，让产品像自来水一样便宜和充足。松下幸之助提出的"自来水哲学"，核心是通过大量生产降低成本，使产品价格亲民，能被大众广泛使用。如松下的早期收音机、家电产品等，凭借这种理念迅速占领市场，扩大了市场份额，为企业发展奠定了坚实的基础。这种以大众利益为导向的经营理念，让松下在消费者心中树立了良好的品牌形象，增强了消费者对品牌的认同感和忠诚度。

践行"全员经营"理念，激发员工创造力，鼓励员工积极参与企业经营管理，为企业发展出谋划策。如在产品研发过程中，一线员工能根据实际操作经验提出改进建议，使产品更贴合市场需求，像松下的一些小型家电产品在设计上充分考虑了用户使用的便利性，很多创意就来自一线员工。当员工感受到自己是企业的主人，自己的努力能为企业带来价值时，会更有责任感和使命感，愿意长期为企业服务，从而减少人才流失，保持企业团队的稳定性。

注重"造物之前先造人"，松下认为，只有培养出高素质的人才，才能生产出高质量的产品。为此，松下建立了完善的人才培养体系，通过内部培训、岗位轮换等多种方式，提升员工的专业技能和综合素质。注重人才培养的企业文化，吸引了大量优秀人才加入松下，在企业内部形成了积极向上、不断学习进步的良好氛围，使企业在激烈的市场竞争中始终保持创新活力。

不夸张地讲，企业战略转型的成败在于企业文化，商业模式和战略创新成功的基础是企业文化先行。

"珍妮诗"是一个靠企业文化战略创新的企业案例。珍妮诗学院与"师兄在线"深度整合全球优质师资，构建起企业各职能板块的知识技能宝库，将专业技能提升与企业文化传承无缝对接，让员工在浓郁的文化氛围中全面成长，个体与团队素质协同共进，使企业文化内化于心、外化于行，为企业持续发展注入动力。同时创立了珍妮诗文学基金，推动全国性"我的诗和远方"诗歌比赛，在助力民族文化传承创新、提升青少年爱国主义情操与文学素养的同时，巧妙融入珍妮诗企业文化，使其广泛传播，强化了品牌形象，为企业可持续发展厚植根基。搭建用户互动平台，在数字化浪潮中，破除企业与用户的传统藩篱，使用户畅享便捷产品服务的同时，深度参与企业文化建设。企业借此精准洞察用户需求与反馈，提供个性化、精细化服务，达成企业与用户共生共荣，为企业赢得口碑，创造更多商业契机与合作可能。

所以，企业文化在战略创新过程中发挥着至关重要的作用。它不仅为战略创新提供了价值导向和行为规范，还促进了内部沟通与协作、人才吸引与保留、适应性与灵活性以及风险管理与控制等多方面的积极影响。因此可以说，战略创新成功离不开企业文化的有力支撑。

组织价值观对商业模式和战略的影响

越来越多的管理者意识到，企业的长期发展前景取决于其能否展现积极的社会影响。为此，他们不遗余力地阐明自己和企业的价值观。这种做法不仅帮助他们界定什么是有意义的商业目标，而且能够吸引客户，同时激励正在崛起的新一代员工着眼于未来而不只是眼前的薪水。

价值观代表了人们最基本的信念。个体价值观反映出个体关于正确和错误、好和坏、可取和不可取的看法和观念。组织价值观决定了企业如何看待价值创造和传递，从而影响商业模式的核心特征。例如，如果企业价值观强调创新和客户至上，那么其商业模式可能会更加注重产品研发、客户服务和个性化定制。组织价值观影响企业对产品或服务的定位。如果企业价值观倡导环保和可持续发展，那么其商业模式可能会倾向于提供环保产品或服务，以满足消费者对环保的需求。

在竞争环境中，价值观的标志作用可以使企业领导者脱颖而出，可以使组织独树一帜。例如，竞争环境中的优秀企业无不以其独特的价值观形成企业的核心能力。国际知名企业微软公司、通用电气公司、IBM 公司等；国内的联想、海尔、华为等公司都具有与众不同的核心价值观，使企业成为市场竞争中的标志性企业。

所以说，战略决定企业能走多快，价值观决定企业能走多远。价值观的重要性怎么强调都不为过。但每个企业要形成自己的价值观，没有一蹴而就的捷径可走，也不可能一朝一夕完成，需要持之以恒，久久为功。

例如，瑞典宜家（IKEA）是20世纪中少数几个令人炫目的商业奇迹之一。它1943年年初创建，从一点"可怜"的文具邮购业务开始，不到60年的时间就发展到在全球共有180家连锁商店，分布在42个国家，雇用了7万多名员工的企业航母，成为全球最大的家居用品零售商。无疑，宜家繁荣的强大支撑力正是其多年来坚定不移的文化理念和价值观。

宜家作为全球知名的家居品牌，其企业价值观具有鲜明的特色，对企业的发展起到了重要的推动作用。为大众创造更美好的日常生活，宜家致力于提供种类繁多、美观实用且价格合理的家居产品，让大众消费者能够轻松打造舒适、美好的家居生活。通过设计简约、功能多样的家具和家居用品，满足不同人群在不同生活场景下的需求，使人们的日常生活更加便捷和舒适。

以可持续发展为导向，在产品设计和生产过程中，宜家注重使用环保材料，减少对环境的影响。例如，采用可回收材料制作家具，推广绿色能源在生产中的应用等。同时，宜家也鼓励消费者在使用产品过程中践行可持续生活方式，如提供旧家具回收再利用服务等。

保持低价和高性价比，宜家通过优化供应链管理、大规模采购原材料、采用平板包装设计等方式降低成本，从而能够以较低的价格为消费者提供高品质的产品。平板包装不仅方便运输和存储，还能让消费者自行组装，进一步降低了成本，使产品具有更高的性价比。

重视员工发展和团队合作，宜家为员工提供良好的工作环境和发展机会，鼓励员工不断学习和成长。公司倡导团队合作精神，员工之间相互协作、共同解决问题，以提供更好的产品和服务。宜家相信，只有员工满意和成长，才能为顾客提供优质的体验，从而推动企业的发展。

坚持简单和民主的企业文化，宜家的企业文化强调简单、直接的沟通方式和决策过程，避免复杂的层级和烦琐的流程。公司鼓励员工积极表达自己的想法和观点，营造民主的工作氛围，使员工能够充分发挥自己的创造力和潜力，为企业的发展贡献力量。

企业价值观作为企业文化的核心组成部分，其重要性不容忽视。它不仅是企业行为的内在驱动力，还是企业在竞争激烈的市场环境中保持独特性和竞争力的关键因素。

一套清晰、诚实的价值观，可以让企业在红海中脱颖而出，吸引顶尖人才，并与客户建立持久的关系。在客户越来越关注他们所支持的品牌持何种道德标准的时代，将运营与既定价值观绑定的企业，更有可能培养客户忠诚度和信任度。价值观最核心的锚定物，它回答了"什么是最重要的？什么是正确的？"即使企业的外在环境如市场、业务、团队等发生变化，价值观的存在依然能使核心不变，这就是价值观的重要性。

创新文化的塑造：鼓励试错、快速迭代

企业在创新道路上走得不顺畅，往往源于组织内部没有建立"创新文化"。企业高层需要明确创新文化对于企业发展的重要性，并将其作为企业文化建设的重点。通过制定明确的创新战略和目标，将创新文化融入企业的日常运营和管理中。

重塑企业精神，鼓励员工勇于突破传统观念和旧有框架，以创新的思

维方式解决问题。这可以通过组织内部培训、研讨会等方式来实现，让员工不断接触新思想、新知识，从而激发他们的创新思维。营造一个开放、包容的文化氛围，鼓励员工提出新想法、新建议，并接受他人的批评和指正。企业可以设立创新奖励机制，对在创新方面取得突出成果的员工给予表彰和奖励，以激发员工的创新积极性。

在创新过程中鼓励试错和快速迭代是至关重要的。这两者相辅相成，共同推动了创新的持续进步和企业的快速发展。

试错是创新过程中不可或缺的一环。通过尝试不同的方法、思路和解决方案，企业可以发现哪些策略可行，哪些需要调整。在试错的过程中，企业能够积累宝贵的经验，加深对市场和用户需求的理解。这种实践经验对于后续的创新活动具有重要的指导意义。

鼓励试错意味着企业需要建立一种容错的文化氛围。员工在尝试新事物时，可能会遇到失败和挫折，但企业应当视这些为成长的机会，而不是惩罚的理由。通过给予员工试错的自由和空间，企业可以激发员工的创新精神和创造力，使他们更加敢于挑战传统、探索未知。

快速迭代是指在创新过程中，企业能够迅速根据市场反馈和用户需求调整产品或服务。这种灵活性是企业保持竞争力的关键。通过快速迭代，企业可以不断优化产品性能、提升用户体验，从而在激烈的市场竞争中脱颖而出。

为了实现快速迭代，企业需要建立一套高效的产品开发和测试流程。这包括收集和分析用户反馈、快速响应市场变化，以及持续进行产品改进等方面。同时，企业还需要培养一支具备快速学习和适应能力的团队，以便在迭代过程中迅速调整策略和执行计划。

鼓励试错和快速迭代在创新过程中是相辅相成的。试错为快速迭代提供了丰富的实践经验和数据支持,而快速迭代则能够加速试错的过程,使企业更快地找到可行的解决方案。通过将这两者结合起来,企业可以形成一个持续创新、不断进步的良性循环。

在实践中,企业可以通过设立创新实验室、举办内部创新大赛等方式来鼓励员工参与试错活动。同时,企业还可以建立敏捷开发团队、引入敏捷管理方法等工具来支持快速迭代。这些措施有助于企业在创新过程中保持灵活性、高效性和竞争力。

总之,鼓励试错和快速迭代是创新过程中不可或缺的两个要素。通过将它们结合起来,企业可以不断推动创新活动的进步和发展,从而在激烈的市场竞争中立于不败之地。

例如,惠普公司以其独特的创新文化闻名。以下是其创新文化的主要特点及相关表现。

(1)鼓励自由探索。惠普创业初期采用"车库法则",强调一种自由、宽松、无边界的创新环境,鼓励员工像在自家车库里搞发明创造一样,自由地探索新技术、新想法,不被传统的规则和框架束缚。为员工提供弹性的工作时间和空间,让员工可以根据自己的工作习惯和节奏来安排工作,以便更好地激发他们的创造力和灵感,使员工在舒适的工作状态下更积极地投入到创新工作中。

(2)重视研发投入,既有资金支持又大力培养和引进优秀的科研人才。惠普长期在研发方面投入大量资金,占营业收入的比例较高。如其在打印技术领域,持续的研发投入使其不断推出新的打印技术和产品,保持在行业内的领先地位。大力培养和引进优秀的科研人才,建立了专业的研发团队;同时与高校、科研机构合作,开展产学研项目,为创新提供了强大的人才支持和智力保障。

（3）包容失败理念。惠普对员工在创新过程中出现的失败持宽容态度，认为失败是创新的一部分。鼓励员工从失败中吸取教训，继续尝试新的想法和方法，不会因为失败而惩罚员工，使员工敢于大胆创新。建立了失败经验分享机制，让员工可以将失败的案例和经验在公司内部进行分享和交流，避免其他团队重复犯错，使整个公司能够从失败中学习，提升整体的创新能力。

（4）开放创新体系，强调内部合作和外部合作。内部打破部门壁垒，促进不同部门之间的合作与交流，形成了跨部门的创新团队。如在开发综合性的IT解决方案时，研发、销售、市场等部门的人员共同参与，确保产品能够更好地满足市场需求。外部积极与外部企业、科研机构等开展合作，建立开放的创新生态系统。通过合作研发、技术共享等方式，引入外部的创新资源和技术，拓展创新的边界。

重塑"创新文化"需要企业从多个方面入手，包括明确创新文化的重要性、重塑企业价值观和精神、优化组织结构和管理机制、加强人才培养和选拔、推动创新实践、强化创新文化宣传以及建立创新激励机制等。通过这些措施的实施，企业可以逐步建立起一种鼓励创新、宽容失败的文化氛围，从而推动企业的持续发展和竞争力提升。

组织结构的灵活性：扁平化、网络化、敏捷化

任正非曾提出过一个重要的观点：一个公司取得成功的两个关键是"方向只要大致正确，组织必须充满活力"。即在方向大致正确的情况下，

组织充满活力非常重要,是确保战略执行的关键。组织要想充满活力,就需要有灵活性。

例如,美国 emacipet 非营利组织致力于在贫困社区建立低成本兽医医院,疫情使其捐款锐减,员工精疲力竭,还面临劳动力危机。为了扭转局面,负责人米尔斯选择用 OKR 促成组织转型,与团队梳理出四大关键领域,将会议重点缩小到为每个领域制定季度目标,打破以往自上而下分目标的方式,强调团队对整体目标负责,加强跨部门及与外部的联系。最后筹款渠道增多,想到很多合作筹款方式,团队更聚焦,能敏捷应对环境变化,保持向目标前进。

南天信息作为数字化服务提供商,面临市场竞争日益激烈,传统管理方法局限性凸显。从 2015 年起构建自主经营体管理模式,划小经营单元,将原有管理体系划分为总层级不超过五级的自主经营体,按多种维度划分并赋予其自主经营、自负盈亏的能力,加强自主经营体之间的合作,还构建人才管理体系、完善激励机制。最后建立 500 余个自主经营体,激发了组织活力,公司效益持续提升,连续入榜多个行业影响力榜单。拜尔斯道夫作为百年快消巨头,在中国市场面临快消行业竞争逻辑不断变迁,数字营销飞速发展的挑战,发起"coachagm"项目推动建设"自学习型组织",让年轻人给管理者"上课";员工对自己的职业规划负责,可在开放式学习平台自选培训课程;将组织信息传输和决策通道简化为三个"层级";设置跨部门项目基金,激励跨部门协作。提升了组织的学习能力与敏捷性,持续保持企业活力。

和风科技软件开发公司在研发新软件时面临同行竞争激烈、招投标日期将至、员工压力大、工作效率降低以及部分员工不服从安排等问题。人力资源部经理组织团建,鼓励员工分享;实施灵活的工作时间安排;定期召开会议,让每个人参与讨论项目进展和挑战,积极采纳创新想法。按时完成软件开发,成功中标并获得市场认可,激发了团队潜力。

普通企业在战略创新方面要确保组织具有灵活性,一般可以从三个角度来打造具有灵活性的组织,需要实现组织扁平化、网络化和敏捷化。

组织扁平化、网络化和敏捷化是现代企业组织结构变革的重要趋势,它们各自具有独特的特点和优势,并相互关联,共同推动着企业向更高效、更灵活、更创新的方向发展。

(1)组织扁平化。通过破除公司自上而下的垂直高耸结构,减少管理层次,增加管理幅度,裁减冗员,从而建立一个紧凑的横向组织。这种变革旨在使组织变得灵活、敏捷,富有柔性和创造性。扁平化组织的特点包括以工作流程为中心构建组织结构不再围绕职能部门,而是围绕有明确目标的"核心流程"来建立公司结构。纵向管理层次简化,削减中层管理者,增大管理幅度,简化烦琐的管理层次。资源和权力下放,使基层员工直接接触顾客,拥有部分决策权,能避免顾客反馈信息失真与滞后,快速响应市场变化。组织扁平化的优势在于提高了组织的灵活性和反应速度,降低了沟通成本和协调成本,使员工能够更快地做出决策并付诸实施。

(2)组织网络化。组织网络化是指企业内部或企业之间通过现代信息技术形成的相互连接、相互协作的网络结构。网络化组织的特点包括:内部网络化,企业内部各部门之间形成网络,通过密集的多边联系和互利交互式的合作来完成共同目标。外部网络化,独立的企业组织之间通过长期契约和股权形式联结起来,形成合作型企业组织群体,共享技术、分摊费用,发挥各自专长。组织网络化的优势在于促进了信息共享和资源优化配置,提高了企业的协同能力和创新能力。同时,它还有助于企业快速适应市场变化,抓住市场机遇。

（3）组织敏捷化。组织敏捷化是指企业能够迅速整合资源，快速做出反应，以适应市场环境的变化。敏捷组织的特点包括：能够对外界环境的变化（如技术变革、需求变化等）做出灵活、快速的响应。围绕产品、客户或任务组建团队，采用扁平化的分权性组织结构，具有明确的目标和使命。建立有效的信息共享机制，确保团队成员之间的信息畅通无阻。组织敏捷化的优势在于提高了企业的应变能力和竞争力，使企业能够快速满足客户需求，占领市场。同时，它还有助于企业不断加快技术发展，保持领先地位。

组织扁平化、网络化和敏捷化是相互关联、相互促进的。扁平化减少了管理层次，提高了组织的灵活性和反应速度；网络化促进了信息共享和资源优化配置，增强了企业的协同能力和创新能力；敏捷化则使企业能够快速适应市场变化，抓住市场机遇。这三者共同推动着企业向更高效、更灵活、更创新的方向发展。

总之，组织扁平化、网络化和敏捷化是现代企业组织结构变革的重要趋势。它们各自具有独特的特点和优势，并相互关联，共同推动着企业不断向前发展。

人才管理：吸引、培养与激励创新型人才

企业的成功无非是很好地解决了"生存与发展"的问题，无论是初创时候的生存，还是成熟企业追求发展，员工在任何时候都至关重要。任何组织都有一种极其昂贵需要充分发掘的资源，那就是人。如何让员工感受

到生存的意义，能够积极工作，并帮助企业不断获利，成为所有管理者始终关注的核心问题。企业的发展、取得业绩和成就、提升生产效率、提高盈利能力，都取决于每个人的能力与技术。

没有人才的创新如无源之水，空中楼阁。所以，商业模式和战略创新的有效实施离不开人才，企业拥有强大的人才储备，任何时候都会拥有竞争力。

人才管理往往通过吸引、培养与激励创新型人才。

卓越的企业通过构建积极的企业文化、提供广泛的职业发展机会、制定具有竞争力的薪酬福利体系、创造舒适的工作环境、塑造积极的品牌形象以及鼓励创新和包容性等多方面的努力，成功地吸引了大量顶尖人才。这些人才不仅为企业的发展注入了新的活力，还推动了企业的持续创新和卓越表现。

吸引员工既考验企业文化更考验领导人的人格特质。例如，华为的任正非、微软的比尔·盖茨，他们都是富有冒险精神，勇于进取创新的人，这也成了他们公司企业文化的鲜明特点。当管理者想斥责员工时，先看看自己，如果自己都做不到，又凭什么让员工做到？员工模仿领导，模仿他们的习惯，模仿他们的工作方式、工作技巧，这是员工的本能。所以，作为管理者，首先要起到示范作用。

任正非鼓励员工多挣钱，改变自己的命运，改变家族的命运；同时实现自我超越。在创业初期，华为还没有多少钱可以分的时候，他就跑到员工中间跟他们聊天，给他们画一幅美好的图画：将来你们都要买房子，要买三室一厅或四室一厅的房子，最重要的是要有阳台，而且阳台一定要大一点，因为我们华为将来会分很多钱。他还调侃地说：钱多了装麻袋里面，塞在床底下容易返潮，要拿出来晒晒太阳，这就需要一个大一点的阳台，要不就没有办法确保你的钱不变质。

这样的宏图谁不喜欢，员工一听老板的梦想是把事业做大，给自己分到更多的钱，想想员工会不会卖力？除了对工作的激情外，还有老板用人的原则和对员工的关照。

所以，企业要想吸引人才，需要打造创新文化与品牌，建立鼓励创新、包容失败的文化，通过宣传展示创新成果和故事，树立创新品牌形象。如谷歌，以"不作恶"和追求技术创新为文化核心，吸引全球优秀人才。提供有竞争力的薪酬福利，除了基本薪资外，还有股票期权、绩效奖金等，同时提供舒适的办公环境、灵活的工作制度等福利。如苹果公司，为高端人才提供高额薪酬和丰厚福利，办公区还设有健身房、为员工购买健康保险等。拓展招聘渠道，除传统招聘网站，还利用社交媒体、专业论坛等平台，举办或参加创新竞赛、技术研讨会等活动吸引人才。字节跳动通过在高校举办算法大赛等活动，挖掘优秀的技术人才。

人才吸引来了以后，还需要进行大力培养，使人才真正为企业所用。培养创新人才，可以建立导师制度，为新员工配备经验丰富的导师，进行一对一指导，分享经验和知识，帮助解决问题和成长。如华为，为新入职的研发人员安排资深专家作为导师，助力其快速掌握技术和工作方法。提供培训与发展机会，定期组织内部培训课程、研讨会，鼓励员工参加外部培训和学术交流，提供在线学习平台等。微软为员工提供大量在线学习资源和线下培训课程，涵盖新技术、管理技能等多个领域。开拓项目实践锻炼，安排员工参与具有挑战性的创新项目，在实践中提升创新能力和解决问题的能力。如腾讯，鼓励员工提出创新项目想法，并给予资源支持，让员工在实际项目中锻炼成长。

把人才吸引来是第一步，培养人才是第二步，能把人才长期留在自己企业需要通过激励才能实现。激励创新人才有物质激励，设立创新奖励基金，对有突出创新贡献的员工给予高额奖金、股权期权等奖励。如大疆创新，对研发出关键技术和创新产品的团队和个人给予丰厚的奖金和股权奖励。精神激励，颁发荣誉证书、公开表扬、晋升机会等，满足员工的成就感和自我实现需求。如海底捞，对提出创新服务举措的员工给予公开表扬和晋升机会，激励员工积极创新。工作环境激励，营造宽松自由、开放包容的工作环境，鼓励员工自由交流、碰撞思想，提供充足的资源和支持。如3M公司，允许员工有15%的工作时间用于自主创新项目，为员工提供了自由探索的空间。

在激励过程中要注意公平性和透明度。确保奖惩制度公正合理，并向所有员工清楚地传达公司目标和期望。这样可以避免不必要的误解和猜测，并建立起良好的信任关系。与员工保持良好的沟通也是十分重要的。定期举行团队会议、个人谈话等活动，了解员工的需求和想法，并及时解决问题。同时，也可以通过开展员工调查等方式收集反馈，进一步改善激励措施。一句话，当激励的方法用对了，才能实现给员工赋能，没有激励不了的人，只有用不对的激励方法。

例如，胖东来的以下人才管理经验就值得学习借鉴。

吸引人才方面：以德为先的选拔标准。胖东来将品德放在首位，招聘通告首条就是要求熟知企业文化，对功利、虚假零容忍，确保招到认同企业价值观的人。多元化的人才吸引，不看重学历经验，更关注潜力和学习能力，吸引了不同行业、背景的人才，为企业带来创新活力。

培养人才方面：完善的培训体系。新员工有入职培训，在职员工有定期技能提升和职业发展培训，还会有专业师傅带领熟悉价值观在实际工作中的应用。丰富的培养方式，通过竞聘、轮值等方式培养干部。如金三角店开业时，200多人竞聘20多个管理岗位，通过演讲、投票选拔；员工还会进行不同层级的轮值，站在更高视角安排工作，加速成长。

激励人才方面：丰厚的薪酬福利。工资标准是公司净利润的95%，员工工资达周边企业同级别员工的1.5~2倍。同时，设有各种福利，如超长假期、委屈奖、不开心假等，还为不同星级员工提供配套生活规划。充分的尊重与信任，管理者会接受如何尊重基层员工的培训，以家人相称，即使员工犯错也不责骂批评，而是给予意见和改正方向。公司还鼓励员工参与决策，组织小组讨论和反馈，让员工感受到开放和坦诚。

创新生态系统的构建：跨界合作、开放创新

当"开放"与"创新"相遇，跨界合作就水到渠成了。开放创新和跨界合作是两个相辅相成、相互促进的概念，它们在现代社会，尤其是快速发展的科技、经济和文化领域中，扮演着至关重要的角色。

首先，开放创新强调的是打破传统壁垒，积极接纳并整合来自不同领域、不同背景的知识和资源，以推动创新进程。这种开放性的态度有助于拓宽创新视野，激发新的灵感和创意。在开放创新的框架下，企业、研究机构、高校等各方能够共享知识、技术和经验，共同面对挑战，从而加速创新的步伐。

而跨界合作则是实现开放创新的重要途径之一。它指的是不同行业、不同领域之间的合作与交流，旨在通过整合各方资源和优势，共同开发出具有颠覆性的新产品、新技术或新服务。跨界合作打破了传统行业的界限，使各方能够相互借鉴、相互启发，从而创造出前所未有的价值。

在实际操作中，跨界合作的形式多种多样。例如，科技企业可以与时尚品牌合作，将高科技元素融入时尚设计中；医疗机构可以与数据公司合作，利用大数据和人工智能技术提升医疗服务水平；教育机构可以与游戏公司合作，开发寓教于乐的教育游戏等。这些跨界合作不仅推动了创新，还为消费者带来了更加丰富多样的产品和服务。

开放创新与跨界合作的案例很多，例如，汽车与游戏领域：比亚迪海洋网 ×《黑神话：悟空》。2025 年 1 月 7—9 日，比亚迪海洋网举办海豹 06GT ×《黑神话：悟空》主题体验日活动，将汽车产品与热门游戏相结合。活动现场设置了场景体验区，有后备箱集市、游戏主题背景板拍照，还能通过海豹 06GT 的外放电功能户外畅玩游戏，吸引了大量年轻用户，开创了全新的跨界营销模式。

饮料与游戏领域：刺柠吉 C+ × 香肠派对，双方推出了联名主题店，店内装饰融入游戏元素，将游戏元素与现实空间完美融合。推出购买两瓶刺柠吉 C+ 即可获得游戏皮肤礼品卡的活动，吸引大量游戏爱好者和饮料粉丝，实现了品牌影响力的共同提升。文化与时尚领域：新华文创·光的空间 × FILA FUSION。2025 年新春之际，双方共同打造新年福顺系列活动——非遗剪纸光影展，在新华文创·30°空间（武康大楼）打造"新年福顺"主题限定慢闪。FILA FUSION 新年福顺系列产品汲取非遗蔚县剪纸文化灵感，将传统文化与潮流运动品牌融合，为市民朋友们提供沉浸式体验、场景化消费。

书店与地方特色领域：新华书店包头书城的"书店+"模式。新华书店包头书城将大量科技元素融入书店，设置稀土展区、兵工展区等，展示包头市作为"稀土之都"以及草原钢城的独特魅力，还开展了研学、展览等新业态。成为集文化、艺术于一体的综合性文化地标，有力地提升了其在文化消费领域的影响力，满足了不同群体对于文化、休闲、社交等多方面的需求。

动漫与文旅领域：黄山旅游 ×《凡人修仙传》。2024 年年初，黄山旅游与 B 站热门动画《凡人修仙传》以"不凡攀登"为主题，开展大型 IP 联动活动。通过线下沉浸式场景呈现，让粉丝深刻体验到了黄山与凡人 IP 的绝妙交融，为登临黄山的游客带来了前所未有的多元体验，也为传统旅游业注入了新的活力和创意。

通过跨界合作，企业可以接触到更多来自不同领域的创新资源，包括人才、技术、资金等，从而为自己的创新活动提供有力支持。跨界合作能够打破传统思维模式，激发新的创意和灵感。不同领域的知识和经验相互碰撞，往往能够产生意想不到的火花。通过跨界合作，企业可以学习到其他领域的先进技术和管理经验，从而提升自己的创新能力。同时，在合作过程中各方之间的交流和互动也有助于培养企业的创新意识和文化氛围。通过与不同领域的合作伙伴携手共进，企业可以将自己的产品和服务推向更广泛的受众群体，从而实现更大的商业价值。

所以，开放创新和跨界合作是推动社会进步和发展的重要力量。它们相互依存、相互促进，共同为创新活动注入新的活力和动力。在未来的发展中，我们应该更加积极地拥抱开放创新理念，加强跨界合作与交流，共同创造更加美好的未来。

第9章
战略执行与持续迭代

战略落地的关键步骤与工具

战略对于企业的重要性前面我们已经做过阐述，这里不再赘述。无论是资源配置还是组织结构甚至是产品策略和品牌创新，都是企业生存和不断成长的"导航图"。但现实中，一些企业并不是输在战略规划上，而是有了战略规则却无法落地，也就是说想象很美好，落实的时候行不通。所以，战略落地才是考验企业商业模式和战略创新的关键。

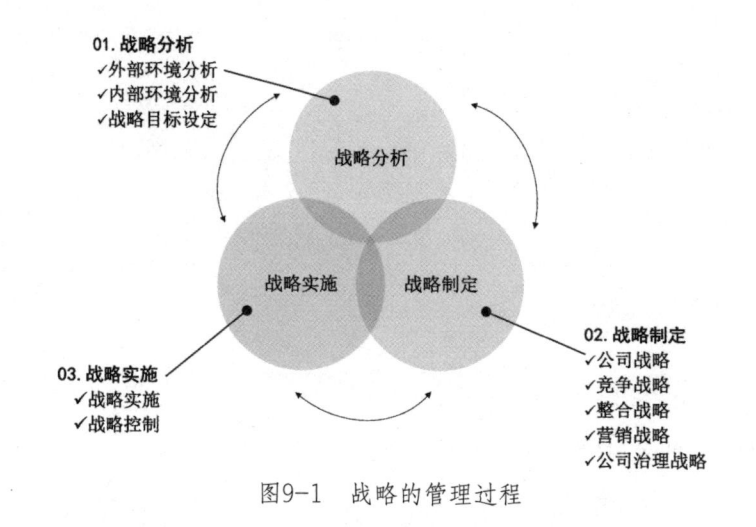

01. 战略分析
✓外部环境分析
✓内部环境分析
✓战略目标设定

03. 战略实施
✓战略实施
✓战略控制

02. 战略制定
✓公司战略
✓竞争战略
✓整合战略
✓营销战略
✓公司治理战略

图9-1　战略的管理过程

企业战略无法落地是一个复杂的问题，涉及多个方面的因素。

第一，战略目标与规划存在问题。很多企业的战略并非基于深入的市场分析和内部能力评估，而是盲目追随潮流或仅凭高层管理者的主观判断制定。这种口号化的战略缺乏实际操作性，无法为企业经营提供明确的指导方向。部分企业没有真正认识到战略的价值，认为战略只是纸上谈兵，计划跟不上变化。因此，这些企业往往缺乏系统的战略规划和部署，导致在实际运营中缺乏明确的战略指导。

第二，战略共识与执行存在问题。管理层对愿景和战略目标没有达成共识，高层管理团队成员对战略的理解存在分歧。这种分歧会导致员工对组织的战略产生困惑和迷惘，甚至怀疑战略的方向。企业在制定战略时，往往只关注战略目标本身，而忽视了实现这些目标的具体路径和行动。此外，责任主体不明确或授权不足也会导致战略执行过程中的混乱和延误。任务执行的监督、信息反馈和调整机制不完善或不灵敏。激励机制与战略无关，无法激发员工的积极性和创造力。信息系统落后，无法为战略执行提供及时、准确的信息支持。

第三，战略资源与环境存在问题。企业缺乏与战略相匹配的人、财、物等资源，导致战略无法得到有效实施。此外，企业文化、组织结构等软性资源也与战略存在不匹配的情况。在新的移动互联网时代，竞争态势发生了变化，信息化、数字化、移动化、智能化推进了生态链上的产业融合、行业跨界。如果企业战略没有及时调整以适应这些变化，就会导致战略无法落地。

第四，对战略失误没信心重试。从战略规划到执行结果，往往需要相当长的一段周期，过程中变化因素太多，战略和执行之间的偏差往往很大。这容易使人怀疑战略工作的意义甚至失去信心，从而影响战略的持续执行和落地。战略与战术脱节也是导致战略无法落地的一个重要原因。在制定战略时，必须考虑战术的可执行性，否则战略就会成为空中楼阁。

企业战略落地对于企业实现长期目标和可持续发展至关重要，以下是关键步骤和常用工具。

（1）战略目标分解。将总体战略目标细化为具体、可衡量、可实现、相关联、有时限（SMART）的子目标，并层层分解到各个部门和岗位，使每个员工都明确自己的工作与战略目标的关联。

（2）制订行动计划。各部门根据分解的目标，制订详细的行动计划，明确具体任务、责任人和时间节点，为战略实施提供清晰的路线图。

（3）资源配置。根据战略需求，合理分配人力、物力、财力等资源，确保关键项目和业务有足够的资源支持。

（4）建立沟通机制。建立跨部门、多层次的沟通机制，确保信息在企业内部的顺畅传递，及时解决战略实施过程中的问题和冲突。

（5）执行与监控。按照行动计划推进战略实施，同时建立监控体系，定期收集和分析数据，对比实际进展与目标的差距，及时调整策略和行动计划。

（6）评估与调整。定期对战略实施效果进行全面评估，根据市场变化、竞争对手动态等内外部因素，对战略进行必要的调整和优化。

常用工具：

平衡计分卡，从财务、客户、内部流程、学习与成长四个维度，将战略目标转化为具体指标和行动方案，实现战略目标的量化管理和多维度平衡。

战略地图，以可视化的方式展示企业战略目标及其相互关系，帮助员工理解战略逻辑和关键驱动因素，明确工作重点和方向。

OKR（目标与关键成果法），强调挑战性目标和可衡量的关键成果，通过上下对齐和动态跟踪，激发员工的自主性和创造力，确保团队和个人工作与战略目标紧密结合。

项目管理工具，如甘特图、PERT图等，可用于制订项目计划、跟踪项目进度、协调资源分配，确保战略项目的顺利实施。

SWOT分析，通过对企业内部优势（Strengths）、劣势（Weaknesses）和外部机会（Opportunities）、威胁（Threats）的分析，为战略制定和调整提供依据，帮助企业发挥优势、克服劣势、抓住机会、应对威胁。

例如，小米战略采用的关键步骤是将"让每个人都能享受科技的乐趣"这一战略目标，分解为产品研发、生态建设等具体目标。在产品研发上，制订了每年推出若干款具有创新性和高性价比产品的计划，在生态建设上，打造了涵盖手机、智能硬件、互联网服务等的小米生态链。通过投资和合作的方式，整合产业链资源，建立了"米粉"社区等沟通渠道，收集用户反馈，及时调整产品策略。使用工具OKR管理方法，激发员工的创造力和自主性，如小米手机研发团队以提高用户体验为目标，设定关键成果并进行动态跟踪和调整。同时，利用战略地图规划小米生态链的发展路径，明确各业务板块的关系和发展重点，使得手机业务与智能硬件业务相互促进，共同构建起庞大的小米生态系统。星巴克关键步骤以"成为全球最具特色的咖啡烘焙商和零售商"为战略目标，将其细化为提升咖啡品质、打造独特门店体验等子目标。制定了严格的咖啡豆采购和烘焙标准，以及门店设计和服务规范。在全球范围内选址开店，合理配置人力资源和资金资源，注重员工培训，建立了顾客反馈机制，根据顾客需求和市场变化调整产品和服务。在使用平衡计分卡关注财务指标的同时，注重客户满意度和员工满意度等非财务指标。通过项目管理工具确保新店开业等项目的顺利进行，如在进入新市场时，制订详细的开店计划，明确每个阶段的任务和时间节点，确保品牌形象的一致性和服务质量的稳定性。

企业战略无法落地的原因涉及多个方面，包括战略目标与规划问题、战略共识与执行问题、战略资源与环境问题以及其他因素。为了解决这个问题，企业需要全面审视自身的战略制定和执行过程，加强战略规划的科学性和实用性，提高管理层的战略共识和执行力，优化资源配置和制度体系，以及积极适应新的竞争态势和市场环境。

绩效管理与激励机制设计

绩效管理（Performance Management，PM）是指组织及其管理者在组织的使命、核心价值观的指引下，为达成愿景和战略目标而进行的绩效计划、绩效监控、绩效评价及绩效反馈的循环过程，其目的是确保组织成员的工作行为和工作结果与组织期望的目标保持一致，通过持续提升个人、部门及组织的绩效水平，最终实现组织的战略目标。

绩效管理与激励机制是相互依存、相互促进的。绩效管理为激励机制提供了依据和基础，而激励机制则能够激发员工的工作潜能，提升他们的绩效水平。绩效管理与激励机制在企业管理中具有极其重要的地位。因此，在设计绩效管理与激励机制时，企业应注重它们的结合和协同作用。例如，可以将绩效考核结果作为薪资福利、晋升机会和培训发展的依据，从而实现绩效管理与激励机制的有效对接。

以某电气公司为例，该公司推行了绩效管理"赛马制"，通过构建以业务单元为"马队"、项目推进为"赛场"、绩效评价为"赛制"的"赛马体系"，全面激发了企业活力。同时，该公司还强化了激励约束机制，如设立末位淘汰机制、干部"选用育留"机制、职工"市场化退出"机制和薪酬分配"刚性兑现"机制等，进一步提升了员工的工作积极性和忠诚度。

绩效管理是一种系统性的方法，用于确保组织中的每个成员都能达到其目标，并最终促进整个组织的成功。它不仅是关注评估员工的工作表现，更是一个持续的过程，通过设定明确的目标、提供反馈和支持来帮助员工发展和改进。餐饮业最卓越的激励当数海底捞，《海底捞成功的基石：优秀的人才激励机制！》一文是这样写的：

海底捞分拆出了颐海、蜀海、微海、海海科技等多个公司。如今，连外卖业务也独立出来。从一个底料加工、物流配送、工程建设、门店运营等多项业务全揽的公司，到分为多个独立的小个体。

在2016年9月媒体举办的"心传工坊"上，施永宏曾介绍过海底捞的两次组织结构变化：第一次是把人力、财务这些部门都变成门店的服务部门，绩效由门店来评价，部门之间也是"把对方当作客户"；第二次是2012年、2013年的时候，把部门全部独立出来成立公司，让一个成本费用中心变成一个利润中心。"用流行词来说是生态链布局，但我们当时做的时候没有想到生态链，就是为了解决问题而独立的。"施永宏在课堂上说。

海底捞不会直接考核门店的业绩，只考核顾客满意度和员工的努力程度。店长的升降和业绩没有直接关系，但薪酬和利润有关。利润上百万的门店，管理不好，店长照样会被降级。

施永宏认为，不管是一线员工还是管理层，都需要一个激励的环境。如果做得好坏和收入升迁都没有关系或者关系很小，那么就会没有动力去做。施永宏称海底捞的绩效考核法为过程考核法。当员工的升迁不与业绩直接挂钩，他就会聚焦到客户的身上，更直接、更全面地去提升客户的满意度。

海底捞的授权制度也是餐饮业内所称赞的制度，每一位员工都拥有免单的权利，店长拥有人事权、薪酬权以及选店权。在紧急情况下如果店长需要10万元，不需要打申请可直接使用。海底捞的这一授权制度，从侧面反映了对员工的信任程度。

施永宏曾说，要把人善的一面激发出来，遏制住恶的一面。最终要实现什么？从要他干转变为他要干。

看完全文，我们就能够明白，海底捞的员工为什么能够做到每天工作的每一分钟都是元气满满的状态了。这靠的还是海底捞设计的一套体系在支撑着起作用。

绩效管理是设计并实施一套全面、公正、合理的体系，以评估员工的工作表现，从而提高工作效率和企业的整体竞争力。它通常包括以下几个关键要素。

绩效考核标准。根据企业的战略目标和职位职责，制定具体的绩效考核标准。这些标准应该具有明确性、可衡量性、可达成性、相关性和时限性（SMART原则）。

考核流程。设定明确的考核流程和步骤，确保考核的公正、透明和有效性。这包括制定考核周期、选择考核方法、收集考核数据等。

考核结果的应用。将考核结果应用于员工的晋升、奖惩、培训等方面，以激励员工提升工作表现。同时，考核结果还可以作为制定人力资源政策和规划的依据。

在实施绩效管理时，企业可以采取以下策略。

科技赋能。利用现代信息技术和工具，如人工智能、大数据分析等，来跟踪和分析员工绩效，提高绩效管理的效率和准确性。

持续反馈。建立一个持续的反馈机制，确保沟通的实时性和有效性。

这有助于员工及时了解自己的工作表现及改进的空间，同时也为他们提供了不断自我提升的机会。

激励机制设计是提高员工工作积极性和忠诚度的重要手段。它通常包括以下几个关键要素。

薪资福利。根据市场调查和企业的财务状况，制定具有竞争力的薪资福利方案。这包括基本薪资、奖金、津贴、福利等。

晋升机会。设立明确的晋升通道和标准，为员工提供晋升机会和空间。这有助于激发员工的职业发展动力，提高他们的工作满意度和忠诚度。

培训发展。为员工提供培训和学习机会，支持他们的个人发展和职业规划。这不仅可以提升员工的能力素质，还可以增强企业的核心竞争力。

在设计激励机制时，企业应遵循以下原则。

奖惩分明。奖励那些表现优秀的员工，同时对表现不佳的员工进行适当的惩罚，确保奖励和惩罚的平衡。

差异化奖励。奖励要因人而异，根据员工的贡献、年龄、职位等因素进行差异化分配，确保奖励真正符合员工的需求。

动态调整。激励机制要根据市场和竞争对手的变化进行动态调整，确保其持续有效。

战略评估调整：KPIs、OKRs与持续改进

在战略实施过程中，离不开定时评估和调整，两者可以让战略执行达到更好的状态，常用的两个指标分别是 KPIs 和 OKRs。

KPIs（关键绩效指标）、OKRs（目标与关键成果）以及持续改进都是企业管理中的重要工具和方法，它们在推动组织发展、提升员工绩效和实现战略目标方面发挥着重要作用。

KPI 是一种衡量员工表现好坏、对公司整体进行绩效管理的工具，与公司的整体策略和目标有密切联系。对员工来说，KPI 考核意味着在规定的时间内（一般是以月为单位）要完成哪些任务，达成哪些目标。公司会根据完成任务的多少和价值，进行按劳付酬，或者按贡献付酬。简单来讲，KPI 就是"你考核什么，你就会得到什么"。绩效主义就是"业务成果和金钱报酬直接挂钩，职工是为了拿到更多报酬而努力工作"。

KPIs 是用于衡量和评估组织、团队或个人在实现目标方面的绩效的一系列量化指标。这些指标直接关联到企业的战略目标，具备明确性、可衡量性和可追踪性。KPIs 的特点和作用包括：目标明确，KPIs 有助于员工明确工作重点，提高工作效率。绩效衡量准确，通过量化评估，客观衡量绩效，减少主观判断。决策支持，为管理层提供数据支持，提高决策的科学性和准确性。然而，KPIs 也存在一些局限性，如过分关注量化指标可能忽视难以量化的软性因素（如团队协作能力），以及可能产生短视效应和

部门间目标冲突等问题。

为了规避KPIs带来的局限，OKR应运而生，很多企业开始采用OKRs进行战略评估和调整。

OKRs（目标与关键成果）是一套定义和跟踪目标及其完成情况的管理工具和方法。它由英特尔公司发明，后被谷歌等高科技公司采用并推广。OKRs的特点包括：可量化，OKRs要求目标（Objectives）和关键结果（Key Results）都是可量化的，以便跟踪和衡量进度。有挑战性，OKRs鼓励设定具有挑战性的目标，以激发员工的潜力和创造力。公开透明，OKRs在公司内部是公开透明的，这有助于增强团队协作和沟通。

OKRs的实施步骤通常包括以下几个方面。

设定目标：根据公司战略和团队职责，设定具有挑战性的目标。

制定关键结果：为每个目标制定3~5个可量化的关键结果，以衡量目标的达成情况。

跟踪进度：定期跟踪和评估关键结果的完成情况，以便及时调整策略。

复盘与反馈：在每个OKR周期结束时进行复盘会议，评估目标达成情况，收集反馈并学习如何更好地设定和实现OKRs。

表9-1　KPI与OKR使用对比

对比维度	OKR（Objectives and Key Results）	KPI（Key Performance Indicators）
定义	目标与关键成果，是一套明确和跟踪目标及其完成情况的管理工具和方法。O代表目标（Objective），是明确且鼓舞人心的定性目标；KR代表关键结果（Key Results），是可衡量的定量描述，用于评估目标是否达成	关键绩效指标，是通过对组织内部流程的输入、输出端的关键参数进行设置、取样、计算、分析，衡量流程绩效的一种目标式量化管理指标

续表

对比维度	OKR（Objectives and Key Results）	KPI（Key Performance Indicators）
目标设定	强调挑战性目标，鼓励员工跳出舒适区，设定看似难以达成但极具激励性的目标。目标通常由团队或员工与上级共同制定，强调自下而上地参与	基于组织战略目标分解，自上而下层层设定，注重目标的可达成性与合理性，确保与组织整体目标一致
考核方式	重点关注目标达成过程中的努力和创新，KR完成情况并非唯一考核依据，更看重员工在过程中展现的能力、协作及对目标的推动。评分通常不与薪酬直接挂钩	以量化的KPI指标完成情况为主要考核标准，严格依据设定的指标值衡量绩效，考核结果直接与薪酬、奖金、晋升等挂钩
应用场景	适用于创新驱动型、业务变化快、需要激发团队创造力和探索精神的组织或项目，如互联网科技企业的新兴业务线、研发部门等	适合业务相对稳定、流程规范、可量化指标明确的组织或工作，如传统制造业的生产部门、销售部门等
数据类型	KR多采用定量数据衡量，同时也允许一定程度的定性描述来补充说明目标达成情况	完全基于可量化的数据，通过精确的数据指标来衡量工作成果
灵活性	目标和关键结果在一定周期内（如季度）可根据业务变化、新机遇或挑战进行适度调整，保持对环境变化的适应性	相对固定，一旦设定在考核周期内通常较少变动，调整需经过较为严格的审批流程
激励导向	激励员工追求更高目标，挑战极限。通过实现有难度的目标获得成就感和自我提升，注重内在激励	主要通过物质奖励（薪酬、奖金等）激励员工完成既定目标，侧重于外在激励
沟通频率	强调高频次沟通，团队成员需持续沟通目标进展、遇到的问题及解决方案，促进信息共享与协作	沟通主要围绕考核周期进行，如月度、季度汇报工作进展，沟通频率相对较低
关注重点	关注目标的达成路径及过程中对组织能力的提升，鼓励员工尝试新方法、新思路，注重过程管理	聚焦于结果，关注是否完成预先设定的量化指标，对达成目标的具体过程关注较少

谷歌在没有引进OKR管理工具之前，发现年度绩效考核不仅成本高昂、耗时费神，还大多是徒劳无功的。平均每个报告都需要耗费管理者

约 7.5 个小时。尤其受近因效应、员工排名,以及正态分布曲线的约束和影响,年终评估报告无法公平公正地衡量员工的绩效。领导者们历经苦痛才深刻领悟到的一个教训就是"不要把人数字化"。即便是彼得·德鲁克,这位目标管理的首创者,也认同标准化管理的局限性。由此,他们才不断摸索出一套以目标管理为根本,但更重视员工的管理方法,那就是 OKR。

谷歌进行持续性绩效管理是通过一种叫作 CFR 的管理工具来实现的。

对话(Conversation):经理与员工之间真实的、高质量的交流,旨在对绩效提升起到驱动作用。

反馈(Feedback):同事之间面对面进行双向沟通或通过网络进行交流,以评估工作进展情况并探讨未来的改进方向。

认可(Recognition):根据个体所做贡献的大小施以对等的表彰。和 OKR 一样,CFR 在组织的各层级都强调透明、问责、授权和团队合作。CFR 是有效沟通的"刺激物",它能激发 OKR,并将其送入正确的轨道。CFR 是一个完整的交互系统,用于衡量什么才是最重要的事情,让绩效管理"直击要害"。CFR 完全体现了安迪·格鲁夫创新方法的精髓和力量,也使得 OKR 更加人性化。

具体怎么做的呢?

第一,每周总结。谷歌要求员工都要做一个每周工作小结,通过邮件分享一下这周完成了什么,下周要做些什么,在这周有遇到什么困难吗?客户有什么挑战吗?通过每周例会的形式来进行头脑风暴。在周会上大家会互相激励,管理层要激发员工的敬业度,提升他们的工作激情。即使有做错的员工,也不会批评,而是一起想办法。周会更像是鼓舞大会,开完之后让员工信心十足地去工作。在这个简短的周会里,让大家互相了解别人在做什么,需要些什么帮助,用视觉化的方式把内容呈现出来,可以分为三个维度：比如你要做什么、你正在做什么、已经完成什么，这样就可以看到每个人的工作进度。

第二，对员工进行每月辅导。谷歌相信所有的下属都会成长，关键要看管理层是否能够起到好的帮扶作用。谷歌要求管理层关注下属的月底OKR完成情况，及时发现下属有什么困难，需要什么帮助，做得好的表扬，做得不好的应该探讨一下怎么才能做得更好，所以辅导很重要。辅导是上级和下级之间的一场谈话，是对每月工作的总结和回顾，可以进行一对一的辅导，员工也要利用这次机会，把工作中的一些想法、需要的资源和领导一起来谈，以此得到帮助。

当公司开始用持续沟通和实时反馈来取代传统的年度绩效考核时，或者至少增加一点这些内容，就更有可能在全年取得进步。行为校准和透明化成为日常准则，比如当员工们陷入困境时，他们的经理不会坐以待毙，他们就像消防员奋不顾身地跳入火海那样，立刻就员工所面临的困难与他们进行实时沟通。

第三，进行季度OKR考核打分。谷歌的标准是1分、0.7分、0.3分、0分。打完分，然后开复盘会，每个部门的负责人上去讲，我的KR做得怎么样，我的O的分数是多少，我这个季度整体业绩哪些做得好，哪些做得不好，不好的原因是什么，下个季度怎么改善，所以召开OKR的季度复盘会，把整个季度的OKR复盘一下，下个季度做得更好。

还会有半年度的回顾、年度的回顾，定期把全公司的业务来回顾一遍。从每天、每周、每月、每季度等的复盘，基于OKR，实现持续的工作管理。这是谷歌OKR的复盘方法，也是当前在OKR管理过程中比较成功的方法。它的特点是持续、不间断地进行，这成了谷歌的一种文化。

谷歌用OKR进行持续管理的精髓之处通常以下面六个问题为中心。

你正在做什么？

你做得怎么样？

你的 OKR 进展如何？

你的工作有什么阻碍吗？

你需要我提供什么来帮助你实现目标？

你需要什么帮助来实现你的职业目标？

谷歌不管是 OKR 的制定，还是每周的总结、每月的辅导等，本质上都是团队的沟通，所以 OKR 的第一个特点是：OKR 是一场沟通游戏！

其次，以上所有的环节都是不断重复的，就好像是要养成一个好习惯一样，需要不断地执行 + 重复，所以 OKR 的第二个特点是：OKR 是持续的过程管理！

所以，在对战略进行评估的过程中，最后一个关键点就是持续改进，通过不断寻找和实施改进措施来优化业务流程、提高产品质量和服务水平的方法。在绩效管理和激励机制设计中，持续改进同样具有重要意义。持续改进的方法有以下几种。

定期复盘与评估：定期对 KPIs 和 OKRs 的执行情况进行复盘和评估，分析成功和失败的原因，以便制定改进措施。

收集反馈：从团队成员、客户和其他利益相关者那里收集反馈，以识别问题和机会。

优化目标设定：根据复盘和反馈结果，优化 KPIs 和 OKRs 的设定方式，确保它们更加符合组织的需求和战略方向。

增强沟通和透明度：加强团队成员之间的沟通，确保所有人都了解 KPIs 和 OKRs 的最新状态以及他们在实现这些目标中的角色和责任。

利用技术工具：使用绩效管理软件和 OKR 管理软件等工具来帮助团

队更有效地跟踪进度、收集数据和进行复盘。

培养持续改进的文化：在组织中培养一种持续改进的文化，鼓励团队成员积极参与目标设定和执行过程，以及认可和奖励那些在实现目标方面表现出色的个人和团队。

KPIs、OKRs 和持续改进在企业管理中可以相互补充、相互促进。具体来说：

KPIs 为 OKRs 提供量化指标。KPIs 可以作为 OKRs 中关键结果的量化指标，帮助团队更加准确地衡量目标的达成情况。

OKRs 推动持续改进。OKRs 的设定和实施过程本身就是一种持续改进的过程，它鼓励团队不断挑战自我、设定更高的目标并寻求更好的实现方法。

持续改进优化 KPIs 和 OKRs。通过持续改进，团队可以不断优化 KPIs 和 OKRs 的设定方式、执行策略和评估方法，从而提高它们的有效性和适应性。

互利共生与"竞合"战略

企业从"竞争"向"竞合"的转变，是商业世界中一个重要的战略调整。这种转变不仅仅是字面上的变化，更是企业在市场环境中生存、发展方式的深刻变革。

竞争通常指的是企业之间为了争夺市场份额、客户资源、技术领先等而进行的激烈对抗。在竞争中，企业往往采取价格战、产品差异化、市场推广等手段来击败竞争对手。竞合即竞争与合作并存的关系。竞合强调在保持适度竞争的同时，寻找与竞争对手之间的合作机会，共同开拓市场、共享资源，以实现共赢。

从竞争到竞合的转变既是市场需求的变化，又是技术进步与融合和全球趋势。

随着消费者需求的日益多样化和个性化，单一企业往往难以满足所有需求。通过竞合，企业可以集合各自的优势资源，共同为消费者提供更丰富、更优质的产品和服务。技术的快速发展和跨界融合使企业之间的界限越来越模糊。通过竞合，企业可以共同研发新技术、新产品，推动行业进步。在全球化背景下，企业面临的市场竞争更加激烈，同时也需要应对更多的跨文化、跨地域挑战。竞合有助于企业形成合力，共同应对全球市场的变化。

未来创新的商业模式和战略实施不仅有利于提高企业核心竞争力，更有利于企业的持续发展，做大做强！利用联盟式营销，利用网络优势，突破传统商业模式，形成商业联盟，将产生强强联合双赢甚至多赢的结果，能够在未来的商业发展中找寻更多的商机。

在合作共赢的商业模式上，7-11的"业务转换加盟"计划值得借鉴。7-11不是没有竞争对手，在7-11想要开店的位置经常有一些夫妻店处于黄金位置，对于7-11来说这是最有价值的资源。但7-11并不能拿到这些有价值的资源，同时还要面临竞争的危机。于是7-11开始改变思路，收编了很多社区夫妻店。

由于7-11拥有强大的供应体系、后台系统等连锁经营体系支持，能够对门店的商品开发、经营、商品陈列、物流和仓储等赋能，使这些夫妻店能够获得更高的盈利，同时也省去了采购、物流等一系列负担。在利益共享上，7-11将收益的大头分给了夫妻店：它将毛利的55%~57%分给分店，剩余收益为总部所得。而且商店开业5年后，根据经营的实际情况，还可按成绩增加1%~3%，对分店实行奖励。而且即使毛利达不到预期，分店还可以获得一个最低限度的毛利额保障。

所以，即使夫妻店要向7-11缴纳一笔加盟费，他（她）们也非常愿意合作。按照传统的观念，夫妻店是7-11的"竞争对手"，采取的方式应该是打压、竞争、清场、并购等，但7-11却把他们当成了"合作伙伴"，通过自己的商品开发能力、金融能力、物流能力等，可以为分店带来更好的收益。另外，社区夫妻店本身比较平庸的经营水平，通过7-11的能力注入、对其赋能，就爆发出了巨大的经营业绩跃迁，正体现了7-11核心能力的高超：让平均水平的资源、能力，创造出非凡的业绩，实现了真正的合作共赢，共利共生。

例如，腾讯与京东的合作双赢，腾讯拥有中国最大的社交网络平台，如微信和QQ，具有庞大的用户流量和强大的社交关系链。京东是一家以电商为主的企业，在物流、供应链和商品销售等方面具有优势。腾讯与京东合作，将京东的购物入口接入微信和QQ，为京东带来了巨大的流量，帮助京东扩大了用户群体，提高了流量转化率。京东则为腾讯提供了电商业务的支持，丰富了腾讯在电商领域的布局，进一步完善了腾讯的社交生态圈。双方还在物流、金融科技等领域展开合作，共同推动了相关领域的创新和发展，实现了业务的快速增长和利润的提升。

雀巢和达能都是全球知名的食品饮料企业，在婴幼儿奶粉等领域都有巨大的市场份额和技术实力。两家公司共同投资建立了一家工厂，利用彼此在研发、生产、销售等方面的优势共享资源。在生产方面，双方可以共同优化生产流程，降低生产成本；在研发方面，共同投入资源进行技术创新,提升产品质量和竞争力;在销售方面,借助双方的渠道网络,将产品推向更广阔的市场。这种合作不仅有利于两家企业扩大市场份额,提高经济效益,还为当地社区创造了就业机会,促进了经济发展。

未来的商业模式是"竞合"的状态,两家或多家经营同类产品或技术而存在竞争关系的企业,在意识到双方合作可带来更大收益后,转竞争为合作,从而使双方利益均有所增加的一种合作形式,这是基于双赢思维的一种理念。很多企业已经推出了这种模式,如滴滴和快的的联手、银行金融业与阿里的合作等,均是在以这种同行合作的竞合模式实现互惠互利的双赢。

企业战略依赖生态优势和风口

企业在制定和实施战略时,应充分考虑和利用其所处的生态环境(包括行业环境、市场环境、技术环境、政策环境等)所带来的优势。这种生态优势可以为企业创造独特的竞争优势,帮助企业在激烈的市场竞争中脱颖而出。

有句话说,站在风口猪都可以飞起来。战略同样如此,只有赶上风口才能使企业战略更好地落地。

例如,中天科技在海洋能源与通信领域的崛起就是抓住了海上风电风口,中天科技海缆股份有限公司在总裁薛驰的带领下,聚焦海上风电领域,自主研发适应不同电压等级的 XLPE 绝缘交流与直流海底电缆,解决了中远海海缆充电功率大、载流量受限和电压稳定性等问题,为我国海上风电绿色能源的规模化发展提供了关键支持，其核心技术达到国际领先水平。突破了深海光缆技术，中天科技成功开发我国第一根实用性深海光缆，结束了我国无深海光缆制造能力的历史，打破国外垄断，中天海底光缆的市场占有率连续多年稳居国内第一，名列世界前茅。

风口对于企业战略落地有着非常重要的意义，处于风口的领域往往有大量的市场需求和资本涌入。如新能源汽车风口，众多相关企业因市场的爆发式增长而快速崛起，战略落地在这样的领域，企业更易获得市场份额和盈利，成功可能性更高。风口能为企业提供强大的发展势能。以短视频风口为例，许多内容创作者和相关企业借助其快速发展的趋势，短时间内就实现了用户和业务规模的指数级增长，极大地缩短了企业的成长周期。风口领域会吸引人才、资金、技术等各种资源。比如人工智能风口出现后，大量顶尖科研人才投身其中，资本也纷纷布局，为企业战略落地提供了丰富的资源支持。很多人都知道，企业拥有的优势就是稀缺和不可替代的核心竞争力。核心竞争力越强，竞争优势就越强。不过，核心竞争力也是有局限的。企业要建立优势矩阵，不能光注重竞争优势，还要注重生态优势。换句话说，一个公司若想凭借一种封闭式的竞争优势就在市场上占得先机，几乎是不可能的。要学会发展自己的生态优势，去构建一个可持续发展的生态系统，将自己作为一个能力和利益的单元去和别的企业做利益的加法，才能在日新月异的跨界领域中分一杯羹。

随着信息化共享时代的到来，产业环境和消费者需求都发生了巨大的变化，所以企业的战略思维也要发生变化才行。企业在巩固自身价值观的同时，要充分布局和利用生态优势，去找风口。不追求"为我所有"，而是"为我所用"，有效地与外部资源发生连接，去触碰那些此前无法感知的边界，构筑更加稳固的护城河。

比如，锤子最开始做手机的时候，参考了一些行业统计数据：40%的用户买手机的时候，首先看的是手机的外观。于是，他们觉得自己有绝对的竞争优势，因为锤子的工业设计团队是世界上最优秀的团队之一。但最后锤子手机并没有像预想的那样，靠着外观的设计而产生预想的转化率。其中的原因就是太在乎竞争优势而忽略了生态优势。对于手机外观的漂亮来说，大家的审美已经有些疲劳，因为有一个外观设计难以超越的苹果手机在前面当老大，后来者很难居上。假如锤子手机没有过高地估计自己工业设计的优势，而是从其他方面打造竞争力，或许就能够像小米手机那样开辟出一片自己的新天地来。

未来无论是企业还是个人，都要成为超级链接者，拓展人脉和企业的合作渠道，不但拥有广阔的视野，还能拥有更多市场。要用生态思维，去创造更多维度的合作，随着合作次数的不断增多，个人在整个系统中的价值也会更大。

那么，如何找准风口呢？可以从以下几个方面着手。

（1）关注政策导向。政府政策对行业发展具有重要的引导作用。如国家大力支持的碳达峰、碳中和政策，催生了可再生能源、节能环保等领域的风口，企业可据此调整战略。

（2）洞察技术趋势。新技术的出现往往会创造新的风口。如5G技术的发展，带动了物联网、智能驾驶等多个领域的变革，企业应加强对新技术的研究和跟踪，提前布局。

（3）分析市场需求。深入了解消费者需求的变化是找准风口的关键。如今消费者对健康、便捷生活的追求，使健身科技、智能家居等市场需求旺盛，企业可围绕这些需求制定战略。

（4）研究竞争态势，关注竞争对手的动向和行业空白点。若某一领域竞争对手较少，但市场潜力大，可能就是潜在风口。例如在共享经济初期，共享单车等模式率先占据市场空白，取得了巨大成功。

找到风口要让企业战略与风口尽最大可能匹配，如在直播电商风口下，企业应制定包括主播培养、供应链优化、内容营销等方面的战略，以充分利用风口机遇。风口的发展态势是动态变化的，企业战略需具有灵活性。如社交电商风口发展过程中，规则和模式不断变化，企业需要及时调整战略，如拓展营销渠道、创新产品形式等，以保持竞争力。为确保战略在风口领域有效落地，企业要整合内部人力、物力、财力等资源。比如企业决定进军元宇宙风口，就需投入资金用于技术研发，招聘相关专业人才，调整组织架构等。

企业战略要找准风口，这不仅是顺应时代潮流的必然选择，也是实现快速发展的关键所在。企业要通过观察市场趋势、分析政策导向、关注技术创新和研究消费者行为等方式，发现潜在的风口行业，并结合自身的资源和能力优势，选择合适的风口进行布局和发展。同时，企业还要保持敏锐的市场洞察力和创新能力，以便在风口变化时及时调整战略方向，保持竞争优势。

战略成功使企业拥有自我复制力

战略成功使企业拥有自我复制力，也就是说企业如何通过成功的战略实施，培养出一种能够在不同情境下复制成功模式的能力。这种能力并非指对战略本身的直接复制，而是指企业在制定和执行战略过程中积累的知识、经验和能力，使企业能够在新的市场、产品或业务领域快速适应并取得成功。

一个企业经营到一定程度都会有扩张的需要，但往往会遇到诸如资金、人才、战略、执行等影响扩张的瓶颈。遇到瓶颈是企业成长的必然，而如何突破瓶颈才是升维和成长。企业一旦突破瓶颈才能找到自我复制的能力，这也决定了企业能走多远，能走多快。好的战略不但能够落地，同时还可以使企业拥有自我复制的能力。

企业的自我复制能力是指企业能够将成功的业务模式、运营流程、管理经验等在不同区域、市场或业务领域进行重复应用和拓展，实现规模扩张和持续发展。比如，一家连锁餐饮企业将成熟的单店运营模式复制到多个城市开设分店，就是自我复制能力的体现。

好战略能清晰界定企业的价值主张、客户群体、收入来源等商业模式要素。以麦当劳为例，其标准化的快餐经营模式，从产品供应、店面装修到服务流程都有明确规范，凭借这一模式在全球快速复制门店，成为快餐行业巨头。

通过战略规划，企业能建立标准化、规范化的运营流程。如富士康建立了高度标准化的电子产品代工流程，通过对生产流程、质量控制等环节的精确设计和严格执行，使其能在不同地区的工厂高效复制生产模式，为全球客户提供大规模、高质量的代工服务。

好战略重视人才培养与储备体系建设。以华为为例，其建立了完善的人才培养体系，通过华为大学等机构培养大量专业人才。凭借强大的人才队伍，华为能在全球各地复制业务，不断拓展市场。

品牌和文化是企业自我复制的软实力。星巴克通过打造独特的"第三空间"品牌文化，让消费者在全球任何一家门店都能体验到相似的环境和服务氛围，依靠强大的品牌影响力和独特文化，星巴克快速在新市场复制开店，吸引消费者。

企业一旦拥有自我复制能力，就会有非常显著的优势。企业通过自我复制扩大规模，可降低单位成本，提高采购议价能力等。如沃尔玛通过在各地复制门店，实现大规模采购，降低商品成本，以低价优势吸引更多顾客，进一步提升市场竞争力。

能快速进入新市场，提高市场覆盖率和份额。美团从外卖业务起家，凭借成功的业务模式和运营战略，将服务复制拓展到酒店预订、到店餐饮等多个领域，不断扩大市场版图，成为生活服务领域的重要平台。

多区域、多业务的复制布局可使企业业务多元化，以分散风险。当某个市场或业务受到冲击时，其他复制成功的业务可支撑企业渡过难关，保持整体稳定发展。

以海底捞为例，其凭借好的战略拥有了强大的自我复制能力。海底捞将"服务至上"作为核心战略，为顾客提供超预期的服务体验，如免费小吃、美甲、擦鞋等。这一独特的服务模式成为其品牌的核心竞争力，让顾客产生了深刻的记忆和良好的口碑，使得无论在哪个城市开设新店，都能吸引大量顾客，容易被市场接受。

在运营流程上，海底捞建立了高度标准化的体系。从食材采购、加工到菜品制作，从员工招聘、培训到服务规范，都有详细的标准和流程。比如其火锅底料的制作有严格的配方和工艺标准，确保在各地门店的口味一致；员工培训有标准化的课程和考核机制，保证服务质量的稳定性。这种标准化使海底捞能够在全国乃至全球快速复制门店，保持品牌的一致性和稳定性。

海底捞非常重视人才培养和储备，建立了完善的人才培养体系。为员工提供广阔的晋升空间，从服务员到店长，再到区域经理等，都有明确的晋升路径和培养机制。通过"师徒制"等方式，让有经验的员工带新员工，快速复制优秀的服务经验和工作方法。这种人才培养战略为其门店的扩张提供了充足的人才支持，确保新开的门店能够迅速组建起专业的运营团队。

凭借这些战略，海底捞从四川的一家小店，逐步复制扩张到全国各大城市，甚至走向海外市场，在全球范围内开设了数百家门店，成为餐饮行业的知名品牌，展现了强大的自我复制能力。

总之，战略成功可以使企业拥有自我复制力，但这种能力并非直接源于战略本身的复制，而是源于企业在战略实施过程中积累的知识、经验和能力。这些要素共同构成了企业的核心竞争力，使企业能够在不同情境下快速适应并取得成功。

第10章
未来商业模式展望与战略布局

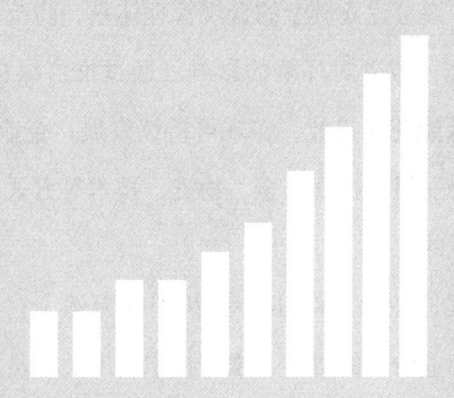

"以人为本"与社会责任赋能商业价值

"以人为本"与社会责任是现代企业发展中不可或缺的两个重要方面，它们不仅能够为企业带来积极的社会影响，还能够有效地赋能商业价值。以人为本对内是关注内部员工，不让人才流失；对外是顾客至上，真正做到提供好的产品和服务的初心给顾客。

社会责任是企业应尽的义务和责任，它要求企业在追求经济效益的同时，积极履行对社会、环境和利益相关方的责任。

企业应严格遵守国家法律法规和政策要求，确保经营活动的合法性和规范性。通过建立健全的合规管理体系，防范和化解合规风险。积极采取环保措施，减少对环境的影响。通过推广绿色生产、节能减排等技术手段，降低能耗和排放，实现可持续发展。企业应积极参与公益慈善事业，回馈社会。通过捐赠资金、物资、技术等方式，支持教育、医疗、扶贫等公益事业的发展。

以维谛技术（Vertiv）和新华三为例，它们通过积极履行社会责任，实现了商业价值的提升。维谛技术高度关注员工健康与安全，持续营造多元包容文化。同时，它还积极参与公益慈善事业，如捐赠信息通信类、医用精密器械类保障设备，助力乡村振兴等。这些举措不仅提升了企业的社会形象，还增强了员工的归属感和团队凝聚力，为企业创造了更大的商业价值。

新华三始终将"让数字化更有能量和温度"作为企业社会责任的使命与奋进方向。在疫情防控期间，新华三第一时间采取行动，以数字化力量积极助力抗疫一线。同时，它还结合自身的业务优势，用数字赋能社会的发展，推动产业升级和普惠大众。这些举措不仅展现了企业的社会责任感，还为企业带来了更多的商业机会和发展空间。

企业做到一定程度，除了盈利还要为社会做出贡献。如何用商业的模式做公益这将是未来大部分企业需要关注的领域。人们讲到公益慈善，就认为是非常单纯的；而讲到商业，就认为是暴利的。商业之所以能持久，就是因为企业有利润，只有有利润才能持续下去。同样，在公益组织，如果投入后的产出不足以支撑可持续，那么，善款就没有用到最合适的地方。

所以，未来的公益+慈善模式应该是，如何把有限的公益资源投放到收益最大的项目中去，帮助将来可能自立的人。因为善款就这么多，但需要帮助的人有无数，不能因为谁可怜就捐给谁，这是不明智的做法。明智的做法是，既有一颗爱心，还有一个理智的大脑，在力所能及的情况下，对各个项目进行衡量，找到投入产出比最大的项目，并实现这种项目。这种项目的效益就是最高的，捐款人看到更高的效益就会受到鼓舞，愿意持续捐款。所以，用商业模式做公益，就是实现资源最大化利用，达到效益最大化。

以下是一些用商业模式做慈善的案例。

绝味鸭脖从2024年10月26日启动公益创新项目，将会员消费与公益行善紧密结合，通过积分捐赠、消费即捐等方式，把顾客的消费行为与公益联系起来。顾客每次消费时可选择使用积分捐赠，绝味会员也可以直接用会员权益做公益或换取公益周边礼品，积分消耗的善款全部用于建辉慈善基金会的"致敬行善者"项目。让每一位消费者在享受美味的同时，也能轻松为公益贡献一份力量，推动了"人人可行善"的公益理念，使公益不再是大型机构和有经济实力的人才能做的事，而是普通消费者也能参与的日常行为。华立集团在开展商业活动时，从社会责任的初心出发，设计商业模式，发展出青蒿素产业化、海外工业园、社区医联体等"责任投资"项目。在乡村帮扶中，通过融智、融资帮助村级集体经济找到发力点，帮助农民走合作发展的道路，让个体农民变成股东，积极参与到村级集体经济发展中。华立集团通过帮助杭州建德市大洋镇柳村发展村级集体经济，使其在2020年开始有了造血功能，实现自我平衡。后来又选择杭州余杭区的径山村作为村企合作对象，助力其走共同富裕道路。

流浪猫救助直播，选择具备实时互动、视频直播和便捷购买功能的平台及有爱心、沟通能力好的主播，通过直播展示流浪猫的生活状态，销售猫粮和宠物用品，用销售收入支持流浪猫救助。为流浪猫提供更好的生存条件和更多的生存机会，提高公众对流浪猫的关注度和认识度，推动流浪猫救助事业发展，也为主播和平台带来商业效益。

在以人为本和社会责任双重赋能下的商业模式，往往会走得更远，也能赢得更多的市场口碑，这也是未来企业发展的方向之一。

全球化背景下的AI+数字化

随着5G、云计算、人工智能、物联网等技术的快速发展，曾经看似遥不可及的"数字化"，如今已像100多年前的"电"一样，融入人类社会的方方面面，在驱动新经济形态发展的同时，不断改变着我们的生活。未来30年，人类社会必将走进万物感知、万物互联、万物智能的数字新纪元。未来企业要想实现降本增效、提高生产力等，最可依赖的强大技术无疑是AI，所以，AI+数字化是企业布局新方向。

AI（人工智能）与数字化是当前企业布局的重要新方向，这一趋势正深刻地改变着企业的运营模式、决策过程和市场竞争力。

AI和数字化技术可以显著提高企业的运营效率。通过自动化流程、智能监控和数据分析，企业能够减少人工错误、降低成本并加快业务处理速度。AI算法能够处理和分析大量数据，提供基于事实的决策支持。这有助于企业更准确地预测市场趋势、客户需求和供应链动态，从而做出更明智的商业决策。AI和数字化技术为企业的产品和服务创新提供了强大的工具。通过机器学习和自然语言处理等AI技术，企业可以开发更具竞争力的产品和服务，满足不断变化的市场需求。

有不少企业已经在提前布局AI+数字化。

飞鹤在2018年提出"3+2+2"战略布局推动数字化转型，2023年随着大语言模型技术兴起，计划构建AI能力中台，将战略扩展为"3+3+2"模式。携手火山引擎打造三步走的 AI 建设方案，构建包括基础设施层、能力层、接入层和场景层的 AI 能力中台。以智能问答项目为例，智能数字人处理消费者咨询实现了 100% 的问答响应率和超过 95% 的高准确率。

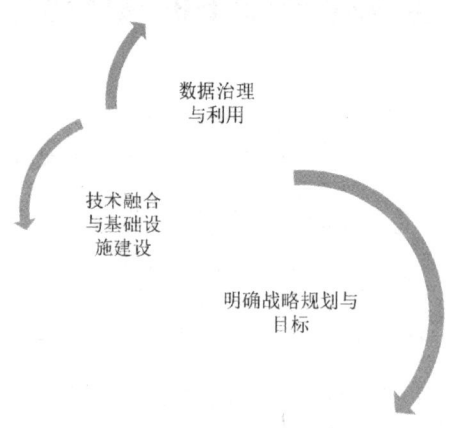

图10-1　企业AI+数字化布局要点

中国科学院大连化学物理研究所，通过钉钉构建起统一、安全、高效的科研管理一体化 AI+ 平台，全面移动化转型，利用即时通信与音视频技术确保信息流通；构建统一数据中台，实现与多个系统的无缝对接；融合钉钉 AI 能力，打造科研 AI 助理。帮助科研工作人员节省时间以提高科研效率，促进科研人员实时互动合作，提升了数据精度与使用效率，为科研决策提供有力的数据支撑，还催化多项 AI 驱动的科研创新成果。

致远互联作为协同管理软件提供商，在 AI 原生应用上，聚焦 AI 知识管理、AI 数智员工、AI 业务应用三大领域进行业务创新。基于先进的人工智能技术构建解决方案，拥有企业级低代码平台 CAP 等核心技术架构。为企业提供智能化的协同运营管理新模式，可以带来全新、简洁、高效的产品体验，如通过智能化流程管理提升企业运营效率，通过数据分析与挖掘帮助企业做出更明智的决策等。

某大型制造企业，运用通用大模型加上外挂知识库系统，将 AI 应用于生产环节，让 AI 自动生成产品的物料清单，根据生产计划计算所需原材料，同时负责设备模具采购、入库等流程的智能审批。搞定了数据录入、订单处理、库存管理等重复性烦琐任务，做到了省力、省时、省钱，使生产和管理变得更智能、更高效。

AI+ 数字化是企业布局的重要新方向，对于提高企业的运营效率、优化决策过程和增强创新能力具有重要意义。然而，企业在推进 AI 和数字化的过程中也面临着诸多挑战。因此，企业需要制定明确的战略规划，加强技术研发和应用，构建数字化生态体系，并注重数据安全和隐私保护问题；同时，积极应对技术、人才和法律伦理等方面的挑战，以实现 AI 和数字化的可持续发展。

5G重塑商业未来

5G 技术正以其独特的优势，成为重塑商业未来的关键力量。5G 时代快速发展加速了互联网行业的变革，让人们亲身体验了从消费互联网向产业互联网跃迁的技术变革。在过去 20 年里，腾讯、百度、字节跳动等是消费互联网企业的代表，但如今，它们的红利优势正在逐渐减退，5G 技术、云计算、人工智能等信息技术则开始以新的形式不断发展，以引领互联网技术创新为切入点促进经济转型升级。

5G：开启商业模式重塑的新时代。

在当今数字化浪潮中，5G 技术以其前所未有的速度与力量，正深刻地重塑着各行各业的商业模式。这一变革并非偶然，而是源于5G独特的技术优势，它从根本上改变了企业与客户、合作伙伴以及市场交互的方式。

（1）高速率：海量数据实时传输，催生新型服务。5G的高速率特性，让数据能够以闪电般的速度传输。与4G相比，5G的理论传输速度提升了数十倍甚至上百倍，这使大量高清视频、虚拟现实（VR）/增强现实（AR）内容以及复杂的软件程序能够在瞬间完成下载或加载。以在线教育为例，以往受限于网络速度，课程内容多以静态图文或低清视频为主。而在5G环境下，实时高清互动直播课堂成为常态。教师可以通过VR技术带领学生身临其境地参观博物馆、探索历史遗迹，学生也能实时与教师进行3D模型的互动操作，极大地提升了学习体验。这种全新的教育模式不仅开拓了教育市场的边界，也为教育机构创造了新的盈利点，如高端VR课程订阅、定制化虚拟学习场景等。

同样，在医疗领域，5G的高速率让远程手术成为现实。医生可以实时获取患者的高清影像数据、生命体征数据等，通过远程操控手术机器人进行精准手术。这不仅解决了医疗资源分布不均的问题，还开创了全新的医疗服务商业模式，如远程医疗服务收费、跨地区医疗协作分成等。

（2）低延迟：实时响应，优化用户体验与业务流程。5G的低延迟特性，将网络延迟降低至毫秒级，几乎实现了实时响应。这对于那些对实时性要求极高的应用场景来说，无疑是一场革命。在智能交通领域，自动驾驶汽车依靠5G的低延迟，可以瞬间接收来自传感器、交通管理系统以及其他车辆的信息，并做出即时反应。例如，当前方车辆突然刹车时，自动驾驶汽车能够在极短的时间内做出制动决策，避免追尾事故的发生。这不仅提升了交通安全性能，还为出行服务带来了全新的商业模式。共享自动驾驶汽车服务可以实现更高效的调度和运营，根据实时路况和乘客需求动态调整行驶路线，降低运营成本，同时通过提供增值服务，如车内个性化娱乐、精准广告推送等，开拓新的收入来源。

在工业制造领域，5G的低延迟使工厂内的设备之间能够实现实时协同。通过将生产设备、机器人、传感器等连接到5G网络，企业可以实现生产线的智能化管理。一旦某个环节出现故障，系统能够立即检测到并通知维修人员，同时自动调整生产计划，确保生产的连续性。这种高效的生产模式不仅提高了生产效率，还降低了生产成本，企业可以通过向客户提供定制化生产服务、设备远程监控与维护服务等，实现商业模式的创新。

（3）大连接：万物互联，拓展商业边界。5G的大连接能力，使海量设备能够同时连接到网络，实现真正意义上的万物互联。这为企业创造了无数新的商业机会和商业模式。

在智能家居领域，5G让家中的各种设备，如智能灯具、智能家电、智能安防系统等能够互联互通。用户可以通过手机或语音助手对家中的设备进行统一控制，实现个性化的家居场景设置。例如，在下班回家的路上，用户可以通过手机提前打开空调、热水器，到家时就能享受舒适的环境。对于企业而言，这不仅带动了智能家居设备的销售，还开启了基于智能家居生态系统的增值服务模式。如通过收集用户的家居使用数据，为用户提供个性化的节能建议、设备维护提醒等服务，并收取相应的费用；与电商平台合作，根据用户的生活习惯进行精准商品推荐，实现流量变现。

在智慧城市建设中，5G的大连接能力将城市中的交通、能源、环境、公共安全等各个领域的设备连接起来，形成一个庞大的智能网络。通过对这些设备产生的数据进行分析，城市管理者可以实现更高效的城市管理。例如，通过智能交通系统实时监测交通流量，优化信号灯的配时，缓解交通拥堵；通过智能能源管理系统实现对城市能源消耗的实时监控和优化调配，降低能源浪费。企业可以参与到智慧城市的建设和运营中，通过提供智能城市解决方案、数据运营服务等，获取商业回报。

5G 技术的高速率、低延迟和大连接特性，为商业模式的重塑提供了强大的技术支撑。企业只有积极拥抱 5G，深入挖掘其潜在价值，才能在这场数字化变革的浪潮中抢占先机，创造出适应时代发展的全新商业模式，实现可持续发展与创新突破。

5G 技术的不断创新是推动其商业成功的重要动力。企业需要加大在 5G 技术研发方面的投入，推动技术创新和应用落地。

企业需要探索 5G 技术在不同场景下的应用，重构人群时空价值，加速网络多维度变现。例如，在直播场景中，利用 5G 大上行和网络优先接入能力，满足直播人群"更高清、不卡顿"的特定需求。

企业需要加强与合作伙伴之间的合作，共同推动 5G 技术的发展和应用。通过生态合作，企业可以整合优质资源，实现互利共赢。

所以说，5G 技术以其独特的优势正在重塑商业未来。未来的企业需要抓住这一机遇，加强技术创新、场景创新和生态合作，以推动 5G 技术的商业成功和可持续发展。

AI时代下商业模式和战略布局

在 AI 技术蓬勃发展的当下，全新商业模式如雨后春笋般涌现，彻底改写了企业的运营与发展轨迹。这些模式利用 AI 强大的数据分析、智能决策与自动化能力，创造出前所未有的价值。AI 为企业商业模式的打造提供哪些助力呢？

（1）数据驱动的精准营销。AI 通过对海量数据的深度挖掘，能精准洞察消费者的需求与行为。企业借此构建 360 度用户画像，实现个性化营销。例如，电商平台借助 AI 算法分析用户浏览、购买记录，精准推荐商品。美妆品牌丝芙兰利用 AI 分析消费者肤质、色彩偏好等数据，线上为顾客虚拟试妆，推荐合适产品，提高购买转化率。基于此，企业能优化广告投放策略，按效果付费，降低营销成本，提升投资回报率。

（2）智能自动化服务。众多重复性、规律性工作正被 AI 自动化流程取代。在客服领域，智能聊天机器人 24×7 小时在线，快速响应解答客户问题。以电信运营商为例，AI 客服处理常见业务咨询，减轻人工负担，提高服务效率。企业还能为客户提供定制化自助服务，如金融机构利用 AI 让客户自助完成贷款申请、风险评估等流程，提升客户体验的同时降低运营成本。

（3）预测性维护与服务优化。制造业等行业中，AI 通过分析设备运行数据，预测故障隐患，提前安排维护。通用电气（GE）在航空发动机上应用 AI 技术，实时监测发动机性能，预测部件磨损情况，避免非计划停机，降低维修成本。基于预测性维护，企业可从单纯销售产品转向提供"产品＋服务"解决方案，按设备正常运行时间收费，形成长期稳定收入来源。

（4）AI 赋能的平台经济。AI 技术为平台经济注入新活力。出行平台优步利用 AI 优化派单算法，根据实时路况、司机位置与乘客需求智能匹配，提高出行效率。在知识付费平台，AI 为创作者和用户精准匹配内容，还能辅助创作，如自动生成文案大纲、视频脚本等。平台通过收取交易佣金、增值服务费用盈利，AI 提升平台竞争力与盈利能力。

（5）个性化产品定制。借助 AI，企业能以低成本实现大规模个性化产品定制。如 NIKE 利用 AI 设计软件，让消费者自主设计运动鞋颜色、图案、材质等。AI 根据消费者的选择，快速生成 3D 模型，安排生产，满足消费者个性化需求，提升产品附加值与品牌忠诚度。企业还可根据定制数据反哺产品研发，优化产品设计。

在 AI 时代，企业想要做好战略布局，需要从多维度进行规划。

（1）深入洞察行业趋势与需求。企业要密切关注 AI 技术的发展趋势，分析其在自身所处行业的应用前景和潜在影响。例如，医疗行业可关注 AI 在疾病诊断、药物研发方面的突破，了解 AI 如何优化影像诊断流程、加速新药研发周期，从而挖掘出契合行业痛点的 AI 应用场景，为战略布局提供依据。

（2）制定适配的 AI 战略规划。结合自身发展目标与行业趋势，确定 AI 在企业中的定位。若企业以产品创新为核心，可将 AI 用于开发智能产品，如智能家电企业利用 AI 实现家电的互联互通和智能控制。同时，明确 AI 应用的短期、中期和长期目标，确保战略具有阶段性和可操作性。

（3）构建 AI 技术基础架构。打造支持 AI 运行的技术环境，包括搭建大数据平台，收集、存储和管理海量数据，为 AI 模型训练提供数据支持。如电商企业整合用户交易、浏览、评价等数据，为 AI 精准营销模型提供数据基础。此外，要配备高性能计算设备，保障 AI 模型的快速训练与迭代。

（4）强化人才培养与引进。AI 人才是战略实施的关键。一方面，通过内部培训，提升员工对 AI 技术的理解和应用能力，如开展 AI 基础知识、算法应用等培训课程。另一方面，积极引进外部专业人才，如算法工程师、数据科学家等，充实企业的 AI 人才队伍。

（5）推动跨部门协作融合。打破部门壁垒，促进 AI 技术与各业务部门的深度融合。以制造业为例，生产部门与 AI 团队合作，利用 AI 优化生产流程；销售部门借助 AI 进行客户需求预测和销售策略制定，实现全流程的智能化运营。

（6）注重数据安全与隐私保护。随着 AI 对数据的依赖，数据安全至关重要。企业要建立严格的数据访问权限管理机制，确保敏感数据不被泄露。例如，金融机构采用加密技术保护客户的财务数据，遵循相关法规，保障用户数据隐私，维护企业信誉。

（7）持续创新与灵活调整。AI 技术发展迅速，企业需保持创新活力，不断探索新的 AI 应用场景。同时，根据市场反馈和技术发展，灵活调整战略布局。例如，互联网企业根据用户对 AI 功能的使用反馈，及时优化产品的 AI 算法和功能设计。

例如，联想自 2017 年便开始思考 AI 的广泛应用，把握生成式 AI 崛起带来的市场机遇。提出全栈 AI 战略，以混合式 AI 为核心理念，聚焦"以客户为中心"。推出具备天禧个人智能体系统的 AIPC、AI 手机等智能终端；打造完全异构智算平台提供算力服务；依托擎天智能 IT 引擎提供差异化服务体系；联合行业巨头构建 AI 生态系统。

未来的商业模式一定是在基于 5G 和 AI 基础上的创新与拓展，战略布局也一定是围绕着这两大新型技术而研究和制定。

展望：构建面向未来的卓越企业

在风云变幻的时代浪潮中，企业的未来充满了无限的可能性与挑战。展望未来，企业唯有以创新为驱动，以可持续发展为基石，不断适应变化，才能在激烈的竞争中茁壮成长，书写辉煌篇章。

（1）科技创新引领发展。未来，科技创新将成为企业发展的核心驱动力。随着人工智能、大数据、物联网、区块链等前沿技术的不断成熟和广泛应用，企业将迎来前所未有的变革机遇。

人工智能将赋予企业智能化的决策能力和自动化的运营流程。通过对海量数据的深度分析，企业能够精准洞察市场需求、预测客户行为，从而实现精准营销和个性化服务。例如，电商平台利用人工智能算法为每一位用户量身推荐商品，极大地提升了用户的购物体验和购买转化率。在生产制造领域，智能机器人和自动化生产线将大幅提高生产效率、降低生产成本，实现生产过程的高度智能化和柔性化。

大数据技术将为企业提供全方位的决策支持。企业可以收集和分析来自各个渠道的数据，包括市场趋势、竞争对手情报、客户反馈等，从而制定更加科学合理的战略规划。通过对生产数据的实时监测和分析，企业能够及时发现生产过程中的问题并进行优化，提高产品质量和生产效率。同时，大数据还可以帮助企业挖掘潜在的商业机会，开拓新的市场领域。

物联网技术将实现设备与设备、人与设备之间的互联互通，构建起一个万物互联的智能世界。在智能家居领域，通过物联网技术，用户可以通过手机远程控制家中的各种电器设备，实现智能化的家居生活。对于企业而言，物联网技术可以应用于供应链管理、设备监控与维护等方面。例如，企业可以通过物联网实时跟踪货物的运输状态，优化物流配送路线，提高供应链的效率和透明度。在设备管理方面，通过物联网技术，企业可以实时监测设备的运行状态，提前预测设备故障，实现预防性维护，降低设备停机时间和维修成本。

区块链技术则将为企业带来更加安全、透明和可信的交易环境。区块链的分布式账本和加密技术可以确保交易信息的不可篡改和安全性，降低交易风险。在金融领域，区块链技术已经被广泛应用于跨境支付、数字货币等方面。在供应链管理中，区块链可以实现产品信息的全程追溯，消费者可以通过扫描产品二维码，获取产品从原材料采购、生产加工到销售流通的全过程信息，确保产品的质量和安全。

（2）可持续发展成为必然选择。随着全球环境问题的日益严峻和社会对可持续发展的关注度不断提高，可持续发展将成为未来企业的必然选择。企业不仅要追求经济效益，还要关注环境效益和社会效益，实现三者的有机统一。

在环境保护方面，企业将加大对清洁能源的使用和节能减排技术的研发投入。例如，汽车制造企业将加快向新能源汽车的转型步伐，减少对传统燃油汽车的依赖，降低碳排放。同时，企业还将优化生产流程，提高资源利用效率，减少废弃物的产生和排放。通过实施绿色供应链管理，企业可以确保原材料的采购、生产加工、运输销售等环节都符合环保要求，推动整个产业链的可持续发展。

在社会责任方面，企业将更加注重员工的权益保护和福利提升。提供良好的工作环境、职业发展机会和培训教育,让员工能够充分发挥自己的才能,实现个人价值与企业价值的共同成长。同时,企业还将积极参与公益事业,回馈社会。例如,通过捐赠资金、物资或技术支持,帮助贫困地区改善教育、医疗条件,促进社会公平与和谐发展。

可持续发展理念还将融入企业的产品设计和研发过程中。企业将致力于开发更加环保、健康、安全的产品,满足消费者对高品质生活的需求。例如,在食品行业,企业将更加注重食品安全和营养健康,采用绿色环保的包装材料,减少对环境的污染。在建筑行业,企业将推广绿色建筑理念,采用节能材料和技术,提高建筑物的能源利用效率,降低碳排放。

(3)人才培养与团队建设是核心竞争力。在未来的竞争中,人才将成为企业最宝贵的资源,人才培养与团队建设将是企业打造核心竞争力的关键所在。企业需要吸引和培养一批具有创新精神、跨学科知识和全球视野的高素质人才,为企业的发展提供坚实的智力支持。

企业要建立完善的人才培养体系,注重员工的职业发展规划。通过内部培训、外部进修、导师制度等多种方式,为员工提供不断学习和提升的机会。同时,企业要鼓励员工创新,营造宽松自由的创新环境,让员工敢于尝试新的想法和方法。例如,谷歌公司以其独特的企业文化和创新氛围吸引了全球顶尖的科技人才,为员工提供了丰富的资源和自由的工作空间,鼓励他们开展各种创新项目,从而推动了公司在搜索引擎、人工智能等领域的持续创新和发展。

团队建设也是企业成功的关键因素之一。未来的企业将更加注重团队的协作和沟通能力,打造高效协同的团队。通过建立跨部门、跨地域的团队合作机制,打破组织内部的壁垒,促进信息共享和知识交流,提高企业的应变能力和创新能力。同时,企业要注重培养团队的文化和价值观,增强团队的凝聚力和向心力。例如，华为公司倡导"以客户为中心，以奋斗者为本，长期艰苦奋斗，坚持自我批判"的企业文化，激励着全体员工为实现公司的目标而努力奋斗，形成了强大的团队战斗力。

（4）全球化布局拓展市场空间。随着经济全球化的深入发展，未来企业将面临更加广阔的市场空间和更加激烈的全球竞争。企业要积极实施全球化战略，拓展海外市场，提升全球竞争力。

在全球化布局过程中，企业要充分了解不同国家和地区的市场需求、文化差异和法律法规，制定针对性的市场策略。例如，肯德基在中国市场推出了一系列符合中国消费者口味的产品，如老北京鸡肉卷、油条等，成功赢得了中国消费者的喜爱。同时，企业要加强与当地企业的合作，建立本地化的生产、销售和服务网络，降低运营成本，提高市场响应速度。通过并购、合资等方式，企业可以快速进入目标市场，获取当地的资源和技术优势，实现优势互补和协同发展。

在全球化竞争中，企业还需要注重品牌建设和知识产权保护。打造具有国际影响力的品牌，提升品牌的知名度和美誉度，是企业在全球市场立足的关键。同时，企业要加强知识产权保护意识，及时申请专利、商标等知识产权，维护企业的创新成果和合法权益。例如，苹果公司凭借其强大的品牌影响力和创新能力，在全球智能手机市场占据了重要地位。同时，苹果公司非常注重知识产权保护，通过大量的专利申请，保护了公司的核心技术和创新成果。

面向未来，企业的发展充满了机遇与挑战。只有紧跟科技创新的步伐，坚持可持续发展理念，注重人才培养与团队建设，积极拓展全球化布局，企业才能在未来的市场竞争中立于不败之地，实现持续、健康、稳定的发展。让我们携手共进，共同迎接企业的美好明天。

结 语

在《卓越企业商业模式与战略创新》的探索之旅中，我们遍览商业万象，剖析众多卓越企业的成功密码，此刻即将抵达结语篇章，却也是开启全新商业思考征程的起点。

回顾全书，商业模式犹如企业运营的底层架构，决定了企业如何创造、传递与获取价值。从传统的价值链模式，到平台化、生态化的创新架构，企业不断突破边界，重新定义自身与客户、合作伙伴的关系。例如，亚马逊构建的庞大商业帝国，以电商平台为核心，延伸至云计算、物流配送、数字内容等多个领域，通过打造开放的生态系统，吸引无数商家与开发者入驻，实现各方价值的最大化。这彰显了一个卓越商业模式的力量，它不仅是企业立足市场的根基，更是持续拓展商业版图的有力支撑。

战略创新则是企业在复杂多变环境中保持领先的关键驱动力。在科技飞速发展、市场竞争白热化的当下，企业必须主动求变，勇于突破常规思维。特斯拉以电动汽车为切入点，打破传统汽车行业的格局，凭借其在电池技术、自动驾驶领域的创新，重新定义了汽车的未来，引领了全球新能源汽车的发展潮流。这表明战略创新并非偶然之举，而是基于对行业趋势的精准洞察、对新技术的敏锐把握以及对市场需求的深度挖掘。

展望未来，商业世界将持续演进，充满更多不确定性与无限可能。客户需求将越发个性化、多元化，技术创新的步伐会进一步加快，市场竞争也将越发激烈。这要求企业持续关注市场动态,保持对新技术、新趋势的敏感度,不断探索商业模式的创新路径,优化战略布局。在这个过程中,跨行业融合、数字化转型将成为企业发展的重要方向。例如,医疗与科技的融合催生了远程医疗、智能健康监测等新兴业态;传统制造业通过数字化转型,实现生产过程的智能化、柔性化,提升生产效率与产品质量。

  本书的结束并非终点,而是吹响了企业家、管理者与商业研究者们继续探索的号角。希望读者能从书中汲取灵感,在实际商业实践中勇于尝试、大胆创新,不断探索适合自身企业的商业模式与战略路径。相信在追求卓越的道路上,每一次创新的尝试都可能开创一片新的商业天地,为全球经济的发展注入源源不断的活力与动力。